新型农民职业技能培训系列丛书

新技术
新热点

家政服务员

肖茂峰 编著

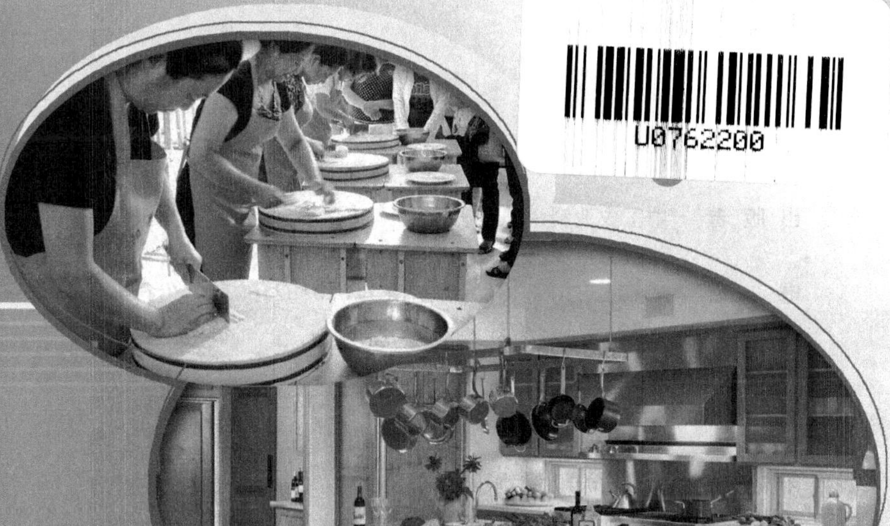

中国农业科学技术出版社

图书在版编目（CIP）数据

家政服务员／肖茂峰编著．—北京：中国农业科学技术出版社，2011.8
ISBN 978-7-5116-0555-9

Ⅰ.①家… Ⅱ.①肖… Ⅲ.①家政服务-基本知识 Ⅳ.①TS976.7

中国版本图书馆 CIP 数据核字（2011）第 131598 号

责任编辑　朱　绯
责任校对　贾晓红

出 版 者	中国农业科学技术出版社
	北京市中关村南大街 12 号　邮编：100081
电　　话	（010）82106638（编辑室）　（010）82109704（发行部）
	（010）82109703（读者服务部）
传　　真	（010）82106624
网　　址	http://www.castp.cn
经 销 者	各地新华书店
印 刷 者	北京建宏印刷有限公司
开　　本	850mm×1 168mm　1/32
印　　张	3.25
字　　数	87.5 千字
版　　次	2011 年 8 月第 1 版　2020 年 7 月第 6 次印刷
定　　价	12.00 元

◁◁◁◁ 版权所有·翻印必究 ▷▷▷▷

序　言

　　农村劳动力转移，是我国从城乡二元经济结构向现代社会经济结构转变过程中的一个重大战略问题。解决好这个问题，不仅直接关系到从根本上解决农业、农村、民生问题，而且关系到工业化、城镇化乃至整个现代化的健康发展。十七届三中全会《决定》中继续强调"引导农民有序外出就业"的同时，特别提出"鼓励农民就近转移就业，扶持农民工返乡创业"。因此，顺应农民对小康生活的美好期待，抓住时机，进一步加大对农村劳动力转移培训力度，大力发展劳务经济，对稳定和提高农民收入，开创社会主义新农村建设的新局面，具有十分重要的现实意义。

　　为便于实施劳动力转移技能培训，配合国家有关政策的落实，特别是针对开展以提高农村进城务工人员、就业与再就业人员就业能力和就业率为目标的职业技能培训，我们依据相应职业、工种的国家职业标准和岗位要求，组织有关专家、技术人员和职业培训教学人员编写了这套"易看懂、易学会、用得上、买得起"的全国农民工职业技能短期培训教材，以满足广大劳动者职业技能培训的迫切需要。

　　这套教材涉及了第二产业和第三产业的多个职业、工程，针对性很强。适用于各级各类教育培训机构、职业学校等短期职业技能培训使用，特别是针对农村进城务工人员培训、就业与再就业培训、企业培训和劳动预备制培训等，同时也是"农家书屋"的首选图书；在此，也欢迎职业学校、培训机构和读者对教材中的不足之处提出宝贵意见和建议。

编　者

2011 年 5 月

目 录

第一章 家政服务基础知识 …………………………… (1)
  第一节 家政服务员的道德修养 ………………… (1)
  第二节 家政服务员的仪容仪表 ………………… (8)
  第三节 家政服务员的礼仪规范 ………………… (13)
  第四节 了解雇主的生活习惯 …………………… (20)

第二章 家务劳动 ……………………………………… (23)
  第一节 制作家庭餐 ……………………………… (23)
  第二节 选购食品 ………………………………… (36)
  第三节 家居保洁 ………………………………… (40)
  第四节 清洗衣物 ………………………………… (47)
  第五节 正确使用家用电器 ……………………… (51)

第三章 照料婴幼儿 …………………………………… (54)
  第一节 婴幼儿饮食 ……………………………… (54)
  第二节 婴幼儿起居及活动 ……………………… (56)

第四章 陪护老年人 …………………………………… (62)
  第一节 老年人饮食 ……………………………… (62)
  第二节 老年人起居 ……………………………… (65)

第五章 护理病人 ……………………………………… (72)
  第一节 制作病人餐 ……………………………… (72)
  第二节 照顾病人起居 …………………………… (76)

第六章　护理孕妇、产妇 ·················· (81)
　第一节　护理孕妇 ························ (81)
　第二节　护理产妇 ························ (86)

第七章　安全知识 ·························· (91)
　第一节　家庭安全防范 ···················· (91)
　第二节　安全防盗 ························ (93)

主要参考文献 ······························ (97)

第一章 家政服务基础知识

第一节 家政服务员的道德修养

一、家政服务员的职业道德

职业道德是指从事各种不同行业的人，在自己的职业活动中所遵守的特殊道德。即一个人在其职业生活实践中，应当遵循的道德准则、规范，以及与之相适应的道德观念、情操和品质。职业道德是社会道德的重要组成部分。作为家政服务员，应当具备以下4个方面的职业道德。

（一）遵纪守法，维护社会公德

1. 遵纪守法是社会主义国家公民应有的责任与义务

法律和纪律是使民众社会行为和社会生活协调有序的准绳，是最广大民众根本利益和自由权利的保障。法律和纪律是一种具有强制性的行为规范。

这种强制性行为规范的必要性来自两个方面：一方面，任何一个国家、政党或社会团体，要达到既定的目标，都必须将每个成员的意志统一起来，形成强大的合力。然而，在目标实现过程中，由于每个人认识、觉悟的偏差与高低会直接影响到意志的统一。为此，就要在深入进行思想教育、培育共同理想信念的同时，制定严明的法纪，实行自觉基础上的强制和约束。另一方面，人具有趋利避害的本性，在市场经济条件下，这种本性表现得更加突出。为使人们正常合理地追求自身利益，就要求有健全的法纪，借助法纪的强制约束力来引导和规范人们的逐利行为。只有遵纪守法，依法纪行事，社会才会安定，经济才能发展。倘若没有法纪的规范,失去法度的控制,各项秩序就无从保证,人们生存、发展的环境就会遭到破坏,人民群众就不可能安居乐业。从国家角度而言,依法治国是党领导人民群众治理国家的基本方略。为推进依法治国的进程,我们每个公民更应该懂得遵纪守法的重要性、必要性,做到知法、守法、不犯法。

法律与道德都是调解人与人之间关系的手段。在我国社会主义社会中,法纪和道德虽然是两种不同的社会规范,但它们在本质上是一致的,都是为社会主义事业服务的,它们之间有着紧密的联系,相互作用,相互渗透,相辅相成。社会主义法纪本身也体现着社会主义职业道德的精神,是培养和推进职业道德品质的有力武器。

遵纪守法是一切公民、从事任何职业的劳动者都必须要做到的。作为家政服务员遵纪守法更是前提,因为家庭是社会的细胞,是社会主义法纪重点保护的社会基本组织单位。进入雇主家庭的家政服务员必须要有法纪观念,要知法守法、模范执行国家规定的各种规章制度。家政服务员无论在何种情况下,都要牢牢记住遵纪守法是公民的责任与义务。

2. 维护社会公德是家政服务员必须具备的品质

社会公德是所有社会成员在公共生活领域中应遵循的基本道德规范。《中华人民共和国宪法》明确规定:"国家提倡爱祖国、爱人民、爱劳动、爱科学、爱社会主义的公德。""五爱"精神和以为人民服务为核心的集体主义道德原则是我国社会主义社会公德的基本内容。家政服务员要自觉地遵守这些公德,并且加以维护。

社会公德有狭义和广义之分。狭义的社会公德,是指人们在社会公共生活中应该遵循的基本道德规范;广义的社会公德,包括为人民服务的核心——集体主义道德原则和"五爱"精神。此外,社会公德还包括公共生活领域中所有要遵循的各方面道德原则和行为规范。

家政服务员作为我国公民，除非被剥夺公民权，否则就有责任和义务模范地履行社会公德。社会公德不仅是家政服务员作为职业劳动者和国家公民必须了解和履行的基本道德知识和修养，而且也是职业化的家政服务员必须履行的职业道德。

（二）忠厚诚实，不涉家私

1. 忠厚诚实是做好家政服务工作的前提

忠厚诚实归根结蒂是劳动态度问题，劳动态度是职业道德的集中表现。通常情况下都是家政服务员一人在雇主家里工作，所以家政服务员的"本分"显得尤为重要。家政服务员应该珍惜雇主的信任，爱护财物，不挥霍浪费；不该用的东西不要用，不该拿的东西不要拿；要以自己的行动证明自己是一个值得信任的人。

诚实是做人的基本品质，也是家政服务人员应具备的道德品质。家政服务员应实事求是，不弄虚作假。通常，家政服务员的户籍地址、婚姻状况、健康状况等不应对雇主隐瞒。对于工作中出现的差错、事故，如损坏了雇主家的物品，给有病小孩服错了药物，婴幼儿吞咽了异物等，都应及时汇报，共商解决办法。若遇家中有事或其他原因要求辞工，一定不能搞突然袭击，要至少提前一周通知雇主和家政公司，以便雇主和家政公司作出恰当安排。需要特别注意的是，有些家政服务员在服务过程中常会因好奇而去翻动雇主的物品，不该看的看了，不该动的动了，有的甚至将物品损坏，这种行为极不可取，因为当家政服务员翻看完这些东西后，即使很小心地将其放回原处，细心的雇主还是能够很容易发现东西被翻动过，这就必然导致雇主对家政服务员产生怀疑，对其失去基本的信任。这样，在以后的合作过程中就会产生隔阂，不利于长期合作。

2. 不涉家私是家政服务员的必备品质

俗话说：家丑不可外扬。每个人都拥有神圣不可侵犯的"隐私权"，且该项权利是受法律保护的。尊重他人隐私权，实际上就是对他人人格的尊重，这样可以避免或减少许多不必要的纠纷和矛盾。对于雇主的"内政"，家政服务员要做到：不评论，不掺和，不打探，不传播。"不评论"就是对于雇主的家庭内部问题和矛盾不加评论。"不掺和"就是对于雇主家中成员之间的矛盾不搬嘴弄舌，不挑拨离间，以免使家庭矛盾激化。"不打探"就是不去窥视和打听别人的隐私。"不传播"就是不把雇主的家事张扬给左邻右舍，不泄露雇主的私人信息，尤其是那些可能使雇主遭受人身、财产损害的信息。

家庭作为一块私人领地，可以说是世界上唯一隐蔽人类缺点与失败的地方，它同时也蕴藏着甜蜜的爱。个人家庭的秘密是受法律保护的，是不容侵犯的。

家政服务员进入雇主家庭后，一定要尊重雇主家庭成员个人的隐私权和财产私有权。家政服务员对雇主家庭中不需要知道的事，要做到不闻不问，不应出于好奇随意乱翻家中的东西，更不应将家中的东西据为己有。遇到雇主家庭内部发生矛盾时，家政服务员一般情况下不要参与其中，更不能偏袒一方或说三道四；需要劝解时也只能点到为止。从道德与法律的角度而言，家政服务员更不能将雇主的隐私当作谈资而广为传播。不涉家私是家政服务员职业道德的重要内容，也是家政服务员必备的品质。

（三）克服自卑，自尊自爱

家政服务员经常被人称为"保姆"或"佣人"，因此最容易出现的思想问题就是自卑，总感到自己处处低人一等。家政服务员克服自卑的最好办法就是努力做到自尊自爱。

1. 自尊就是尊重自己的人格，维护自己的尊严，不要自轻自贱。家政服务员应充分认识自己工作的价值和意义，认识自己所从事的职业在社会中的地位，热爱本职工作，忠实地履行自己的职责。

2. 自爱就是爱惜自己的人生，珍惜自己的身体，反对追求虚荣或自暴自弃。要正确处理好与雇主之间的人际关系，千万不要以出卖自己去换取所谓的"尊重"。在遇到不如意的事时，也不要灰心，更不要自毁，要以乐观的精神去面对生活。

（四）勤劳节俭

勤劳节俭是中华民族的传统美德，是家政服务员应有的品质。所谓勤劳，就是辛勤劳动，努力提供优质的家庭服务；所谓节俭，就是节制、节省，爱惜财物，反对浪费。

有这样一个民间故事：从前，在中原的伏牛山脚下住着一个农民，他一生勤俭持家，在他临终前，曾把一块上面写有"勤俭"两个字的牌匾交给两个儿子。后来，兄弟俩分家时，将匾一锯两半，老大分得一个"勤"字，老二分得一个"俭"字。老大将"勤"字高悬家中，每天辛勤劳作，年年丰收。然而他的妻子却过日子大手大脚，时间长了，家中也没有什么余粮。老二自从分到"俭"字后，从此很少耕作，尽管一家人节衣缩食，但也过得很难。兄弟俩此时才恍然大悟，原来"勤俭"两个字不能分家，于是他俩将锯开的两块匾重新合在一起，并身体力行，此后日子过得一天比一天好。

这个故事告诉我们，勤劳是使人生存的必要条件，节俭是使人致富的铺路石。

家政服务员尽管是在替雇主服务，但同样要替雇主精打细算，节约开支，这样才能赢得雇主的好感。

二、家政服务员的职业守则

1. 遵纪守法，讲文明，讲礼貌，维护社会公德。
2. 自尊、自爱、自信、自立、自强。
3. 守时守信，尊老爱幼，勤奋好学，精益求精。
4. 尊重雇主，热情和蔼，忠诚本分。

三、家政服务员的工作原则和行为准则

（一）工作原则

1. 工作早安排、巧计划。家政服务员做工作得心中有数，要统一安排好每周、每日、每时的工作。

2. 分清主次、繁简、缓急。

3. 主动协商，争取合作。家政服务员做事要主动，凡是自己能看到的事情、该干的活，要尽力去做，有争议的事要多和主人商量，听取意见和建议，争取主人的合作，就会把事情做得更好。

（二）行为准则

家政服务员受其家庭的特定环境、工作性质的制约，有其特定的行为准则，应当很好地学习掌握。

1. 正确处理与雇主间的矛盾

家政服务员进入雇主家庭后，双方在一起生活，有时难免产生一些矛盾和纠纷，出现一些误解，受到一些委屈。面对这些矛盾，有些家政服务员只会哭，不会做必要的解释工作；有些服务员受不了，则会大吵大闹；有些家政服务员一走了之。事实上，这几种办法不论哪一种都不好。正确的方法是若感到受委屈，切忌急躁，应先稳定自己的情绪，耐心地听对方把话讲完，搞清楚产生误解的原因。如果当时能够解释清楚，应慢慢把话讲清楚。如果对方正在气头上，最好先忍耐一下，如果匆忙解释，反而易使对方觉得你在强词夺理，反而会引起反感。不要当场和对方顶嘴，使对方火气更大，闹得双方无法收场。切不可急着就说"我走"。家政服务员随意辞去已服务一段时间的家庭，在新的服务家庭经常会感到不习惯、不好、后悔，想原来服务的家庭和自己照看的小孩。所以家政服务员为人处世应做到宽容大度，受委屈不太计较，即使有理也谦让。

2. 雇主不在家时如何待客

家政服务员单独在雇主家里时，除应积极主动完成自己的工作外，还应做好客人来访时的接待工作。服务家庭成员全部外出后，如果有人来访，切记不要急着开门，先问清来访者是谁、和雇主的关系、因何事来访。如果是陌生的人，雇主事先又没有交待，应拒之门外；如果是经常来的客人，可以很客气告诉他雇主不在，并告诉他雇主何时回来，待雇主回来再请光临，或让他留言。如果有给雇主送东西，一般情况下可以拒收，特殊情况应问清情况并留下来访者姓名及工作单位，同时将物品当面清点，妥善保管，待主人一回来就交给主人。如果不认识的人来取物品，必须给予拒绝；如果雇主交代将有某人某时来取东西，应主动热情接待，同时将物品当面点清。

3. 为服务家庭财产安全负责，不乱翻动雇主的东西

当雇主离家后，家政服务员应当锁好门，看护好家庭财产。如果家政服务员也有事外出，应关好窗户，锁好门，快去快回，以免雇主家庭财产受到侵害。雇主不在家时，家政服务员不可出于好奇，对雇主的东西随便翻动，不该看的也看，甚至将物品损坏，这不符合其职业行为准则。

4. 吃饭问题

在一般情况下，家政服务员可以和雇主家庭成员同桌就餐。但照看小孩的家政服务员，大人要吃饭，孩子也要吃饭，在这种情况下，家政服务员应积极主动地去带孩子。当所服务家庭来了客人时，家政服务员应有意识地回避，以单独进食为好。

5. 正确理解善意的批评

服务家庭主人对你善意的批评是出于对你的关心和爱护，一般是就事说理，就错言错，态度和蔼，语言文明，点到为止。但有时批评者处于情绪冲动时，批评中也会夹杂些刺激性语言，声色俱厉。家政服务员对待批评应耐心听取，正确的就虚心接受；若批评的内容与实际情况有出入，应采用妥善的语言，及时解释，说清事实，分清责任，误会就会很快消除。切忌使用过激言辞，避免产生不融洽。

消除误解的方法很多，下面介绍3种常用的方法。

（1）在工作中，家政服务员难免会出现粗心大意之处，如无意损坏或丢失服务家庭的东西，应及时如实对雇主说明真相，诚恳赔礼道歉，争取雇主的谅解，切忌隐瞒雇主。对雇主的经济

损失，如果你负有直接赔偿责任，赔偿的具体金额，要双方充分协商；若雇主原谅你的过失，不要你赔偿，你应积极表示感谢。

（2）当雇主对你产生怀疑时，应心胸坦荡，正确对待。雇主怀疑某件事是你所为时，家政服务员应提供有关事实依据来排除他们的猜疑。哭泣、沉默不语、赌咒发誓的态度是不可取的，更不能受了委屈一走了之。

（3）当服务家庭中丢失了物品，虽然不是你所为，也要积极地寻找线索，向雇主提供物品丢失前后自己的行踪情况。为排除嫌疑可以主动请对方检查自己的衣箱和包袱。如果因自己好奇拿了某件物品玩，事后忘了将物品放回原位，要立即告诉雇主原委，将物品放回原处，并真诚地向雇主致歉。

第二节　家政服务员的仪容仪表

在现实生活中，人们为了在交往中表现出应有的礼貌，都会自觉不自觉地注重自己的服装打扮、仪表仪容，通过人体外表的美展示自己内心对美的追求，体现对他人的尊重。人的仪表仪容主要包括容貌、服装、饰物、个人卫生以及姿态等。这里主要介绍家政服务员的仪容仪表要求。

一、着装整洁

（一）着装的基本方法

1. 家政服务员的着装目前还没有统一的要求，每名家政服务员都可以根据自己的情况选择适宜季节变化和居家需要的服装。

2. 每日内衣、外衣要穿戴整齐，不要衣不系扣或服装皱褶过多。

3. 服装鞋袜要经常更换、清洗，做到着装卫生清洁。

4. 由于家政服务员的工作内容较杂，有时可以根据具体任务准备些辅助衣物或劳动用品，如防尘罩衫、围裙、套袖，护理病人、婴儿时的专用服装等。

(二) 相关知识

1. 着装与工作角色相适应

家政服务员要做到着装整齐,在服装选择上首先要考虑与自己的工作角色相适应。家政服务员的工作岗位主要在雇主的家里,要帮助雇主家做许多家务劳动,因而选择的服装应和所在的环境、氛围相适应,应方便自己干好雇主交代的家务工作。每家人对家庭环境的最大期望就是"舒适",因为只有在舒适的家庭里才能休息好,才能获得工作所需要的充沛精力。这就要求家政服务员在雇主家中的服饰应体现出轻松、和谐、舒适,那些款式比较随意、方便行动的便装就较合适,穿着这样的服装在雇主家工作,会使你增强信心,也会使旁人对你多几分好感。而过于坚挺刻板、过于繁杂、不适宜劳作的服饰及过于亮丽新颖、时髦超前、追随流行趋势而不适宜工作角色的服饰都不宜选择。可以想象,身穿笔挺的西服在厨房刷锅炒菜会很不舒服;穿着超短裙扫地擦玻璃就很不方便;脚登高跟鞋抱小孩外出就容易出危险。

2. 着装与自身的条件相适应

人们追求服饰美,就是要借服装之美来装扮自己,通过服装的款式、色泽、质地等因素的变化使个体型象趋于完美。所以在选择服装时,要充分了解自己,这包括年龄、体型和经济状况等。在身材方面还要分析自己的长处、不足和特点,有意识地针对自己的欠缺用服饰予以弥补。如上身宽厚或颈短者穿"V"领型、款式简单的上装较适宜,显得精神、清爽,若选择紧领口、前胸绣花贴袋、款式繁复的上衣则夸大了不足;体型过瘦的人选择色泽明亮、横格、大花的衣料可以达到丰满的视觉效果,再考虑衣领、胸前、袖子的多样化款式,就会感觉更好,而穿着灰暗、竖条、紧身的服装便会显得更单薄、消瘦。

3. 着装与季节温度相适宜

穿衣戴帽的基本功能还在于保暖和保护身体。所以家政服务员要根据四季及工作场地的温度变化选择穿衣，在寒冷的冬季，如果不讲温度，"宁可冻得跳，也要穿得俏"，实际上自己和他人都会感到不好受。又如，北方冬季室内和室外的温度相差很大，外出时就要加衣保暖，而在温暖的室内脱了厚重的外衣会感觉更舒适，干活也轻快；夏季室内开空调时又与阳光下的室外温度有很大差距，所以外出时就要注意消暑防晒。

4. 仪容装扮要自然大方

家政服务员多数都比较年轻，具有青春自然的美丽，平日工作以不化妆为宜，但也要根据自己的实际进行自我美发、美肤、美容。通常头发的保养包括清洗、养护、梳理、整形。家政服务员的工作并不苛求发型，只要发式精干，方便工作，勤洗头，天天梳理即可。如果下厨工作，最好戴上工作帽，以维护食物的卫生。面部皮肤通过每日的清洗、擦抹护肤品等来保持健康红润。通常人的皮肤分为干性皮肤、中性皮肤、油性皮肤、混合性皮肤及过敏性皮肤。每名家政服务员要根据自己的皮肤类型选择护肤品或化妆品。在日常生活中，家政服务员的装扮要突出自然美。自然美是最真实的、最和谐的，它体现了人的内在气质。

（三）注意事项

1. 着装不能过于随意

家政服务员虽然在家里工作，但穿着也不能过于随便，要注意在雇主和宾客面前的形象。那些过于紧身、包裹躯体，突出自身线条的服装不能穿；那些过于单薄，明显透出内衣的服装不能穿；那些过于暴露肢体，如低胸、超短裙、露肚脐的服装不能穿。自然更不能只穿着内衣裤在雇主家工作。有的衣服要了解它的穿法，如带有踏脚带的裤子只能穿高帮鞋，在家里穿就不合适；紧身体操裤在运动场穿能显示肢体美丽，而在住家环境中穿就不得体；穿裙装就不要在裙子下摆露出秋裤等。

2. 要穿袜子

如果雇主家进屋后都换拖鞋，那么你每天也要穿袜子，光着脚或露出脚趾接待宾客是极不礼貌和极不雅观的。

3. 着装整洁是最基本的要求

每一名雇主都希望自己请到的家政服务员讲卫生，爱清洁。这不但包括把家庭里里外外收拾得干干净净，也包括家政服务员把自己打扮得清清爽爽。所以家政服务员着装最基本的要求就是清洁整齐。无论是夏装、冬装，无论是内衣、外衣，无论是衣服、鞋帽都要经常换洗。要时常注意自己衣服的领口、袖口，尤其是夏季衣服、袜子要每天换洗。遇到节日或雇主家有贵客到，也应换上整洁美观的服装。

4. 根据工作需要，应穿戴相应的保护用品

例如，要做清扫等有可能污染衣服的工作时，切记应穿上保护服或戴上围裙、套袖等，不要穿着有污染的衣服下厨房或进卧室抱小孩。

5. 切忌在日常家务工作中化浓艳的妆

那些浓妆艳抹、矫揉造作、怪异装扮与日常的家务工作极不相称，只能让人厌恶。由于工作需要，家政服务员也不宜留长指甲和涂指甲油，这对家庭卫生不利。

二、家政服务员的体态

优雅的举止不是天生就有的，而是靠在日常生活中一点一滴地培养、积累起来的。只要有意识地锻炼和培养，任何家政服务员都可以做到。

1. 优美的站姿

站立是服务工作最常用的姿势，要求收腹、挺胸、两肩平行、双臂自然下垂、头正、眼睛平视、下巴微收。两脚分开20厘米左右的宽度距离，或者两足并立在一起，但不要太贴近，以站稳为好，女士们可以把两个脚后跟并在一起，双腿微曲。

但在日常生活中，并不是所有的人都能这样站立的。有的人站在那里常常歪斜着身子，或晃动着腿或脚，这些都是带有习惯性的不优雅的站姿。有些人站在那里总爱在手里捏弄什么东西，

像有辫子的姑娘手里总爱抓弄自己的辫子,给人以没有自信或羞怯、胆小、不自然的感觉。

2. 优雅的坐姿

不论坐在什么地方,头要正,上身要微微地向前倾斜,双腿轻轻并拢。如果是坐在椅子上,基本上要使身体占据大部分或全部椅子,背要直,双肩自然下垂,双手分开放在膝上。要把两足并在一起,并把两个脚后跟微微提起,这样,不仅姿势好看,而且会给人一种沉稳、大方的感觉。

有的人坐在椅子上或沙发上时,仅坐一点边儿,给人一种应付差事或立等可走的感觉。有的人却正是相反的坐法,几乎全身躺在椅子上或沙发里,给人一种懒洋洋的感觉。还有的人坐在那里老是抖动腿,或摸头、抓耳、抠鼻子、搓手等。这些都是不文雅的坐姿。

3. 得体的体态举止

在家庭服务中常用的点头,要根据情况和对象来灵活掌握。有的是微微点一下头,有的是深深点一下头,有的是点一下,有的是点几下,有的是边笑边点头,有的是边说话边点头,有的是面带微笑点着头,多种多样。又如握手时要自然,面带微笑,目光注视对方,身体稍微向前弯曲,要握得松紧适度,一般说握得稍紧一点表示更友好。在迎来送往的过程中,手势的运用特别重要,要注意把握好分寸,运用得恰到好处。

家政服务员在做家庭工作时,举止要做到"三轻":说话轻、走路轻、动作轻。毛手毛脚、风急火燎都是大忌。

4. 递物与接物

递物与接物应恭敬优雅、大方得体。应当双手递物,双手接物,表现出恭敬与尊重的态度。递物时要注意,如果是锐利的物品(如刀、剪之类),要将锐利的头朝着自己。接物时不能漫不经心,在双手接物的同时,应点头示意或道声谢谢。

三、公共场所中的行为

举止动作是一种不说话的"语言",通常也叫体态语。它反应一个人的素质、受教育的水平及被人信任的程度。为此,家政服务员不要在他人面前梳头、扒头皮屑、描眉、抹眼、涂口红、照镜子等;不要在他人面前穿、脱衣服,整理内衣,提袜子,换鞋垫等;不要在他人面前抠鼻孔、剪鼻毛、挖耳朵、搓泥垢、搔痒、抖腿、脱鞋抠脚、剔牙缝、修指甲等;如果打喷嚏、咳嗽、擤鼻涕、打哈欠,应用手帕或纸巾捂住口鼻,面向旁边,而且向旁边的人说声"对不起"以表示歉意。

第三节 家政服务员的礼仪规范

一、礼仪基本规范

礼仪是人类为维系社会正常生活而要求人们共同遵守的最起码的道德规范,它是人们在长期共同生活和相互交往中逐渐形成,并且以风俗、习惯和传统等方式固定下来。对一个人来说,礼仪是一个人思想道德水平、文化修养、交际能力的外在表现;对一个社会来说,礼仪是一个国家社会文明程序、道德风尚和生活习惯的反映。

礼仪的内容涵盖社会生活的各个方面。从内容上看,有仪容、举止、表情、服饰、谈吐、待人接物等;从对象上看,有个人礼仪、公共场所礼仪、待客与做客礼仪、餐桌礼仪、馈赠礼仪、文明交往等。在人际交往过程中的行为规范称为礼节,礼仪在言语动作上的表现称为礼貌。

加强道德实践应注意礼仪,使人们在"敬人、自律、适度、真诚"的原则上进行人际交往,告别不文明的言行。

礼仪、礼节、礼貌的内容丰富多样,但它有自身的规律性,其基本的礼仪原则:一是敬人的原则;二是自律的原则,就是在交往过程中要克己、慎重、积极主动、自觉自愿、礼貌待人、表里如一、自我对照、自我反省、自我要求、自我检点、自我约束，不能妄自尊大、口是心非；三是适度的原则，适度得体，掌握分寸；四是真诚的原则，诚心诚意，以诚待人，不逢场作戏、言行不一。

二、家政服务中的礼仪

家政服务员会服务于各种类型的家庭，与各种人员打交道，有时还要与雇主的客人打交道，特别是为一些高阶层客人（或外国人）服务对礼仪礼节的要求会更高，所以具备良好的礼仪和教养是家政服务员的基本条件。

家政服务礼仪主要包括常用文明用语、接待宾客礼仪、招待客人礼仪、接打电话礼仪及探病礼仪。

（一）常用文明用语

1. 基本礼貌用语。在从事家政服务的过程中，家政服务员要与方方面面的人打交道，说话中注意语言文明也就显得十分重要。每当我们得到别人的帮助、服务或任何小小的恩惠时，都应当向人家说声"谢谢您"，以表示领情。

2. 凡是受到别人称赞或慰问，都是要表示谢意的。当人家称赞你的时候，你应当回答说"谢谢"。当我们做错了事的时候，常说"对不起"或"请原谅"，这些话既表示自己的歉意，也表示对别人的尊重。在饭桌前忍不住打了个喷嚏或咳嗽了一下，都要向周围人说一声"对不起"。冒犯或者烦扰了别人，必须道歉。

3. 俗话说："礼多人不怪。"在公开场合记住致谢和道歉，只会博得人们的尊敬和好感，如果该说"谢谢""对不起"或"请原谅"的时候不说，就会失礼甚至引起人们的反感。下面是一些文明用语的例子，供大家在实践中练习使用。

问候用语："您好""早上好""晚上好""欢迎您"。

致谢用语："谢谢您""多谢了""这是我应该做的"。

道歉用语："请原谅""对不起""打扰您了""失礼了"

"谢谢您的提醒"。

拜托用语:"请您关照""请您帮一下,好吗?""拜托"。

慰问用语:"辛苦了""受累了""麻烦您了"。

赞赏用语:"太好了""您做得真好""美极了""太羡慕您了"。

挂念用语:"身体好吗""怎么样""请您保重"。

祝福用语:"托您的福""您真有福气""祝您好运"。

迎客用语:"欢迎""欢迎光临""见到您真高兴"。

送客用语:"欢迎您再来""请走好""再见"。

征询用语:"您有什么事情吗""需要我帮您做什么吗""需要的时候请叫我"。

应答用语:"没关系""不要客气""照顾不周的地方请原谅""谢谢您的好意"。

婉言推托用语:"我现在正忙着,过一会儿帮您好吗""对不起,我暂时不能离开""谢谢您的好意"。

以上是一些基本礼貌用语,关键是要求人们在实践中能正确使用这些礼貌用语。

4. 敬语。敬语是对人表示尊敬和礼貌的词语。除了礼貌上的必需之外,多使用敬语,还可以体现出一个人的修养。

最常用的敬语有"请"字,我们在讲话中多加入"请"字会使人感觉到你很有礼貌,对你请托的事情一般不好意思拒绝。

例如:"请进""请坐""请喝茶""请吸烟""请帮我递一下""请让一下""请帮我包好""请走好""请帮我抱一下""请让我来做""请您看一下""请交给我""请带过去"等。

在我们与他人打招呼的时候,也应尽可能使用敬语,使对方感到被人尊重。例如多用"您"字,少用"你"字。对年长者一般尊称为"大爷""大妈""叔""婶""哥""姐",年少者一般称为"小弟弟""小妹妹";或直接呼其小名;对婴儿一般呼其乳名或统称为"宝宝",使人感觉亲切自然,容易招人喜欢。

5. 雅语。我们在待人接物过程中，要尽可能使用一些比较文雅的词语，避免粗俗的用语。

例如，你给别人递物品时，可以说"请接好"而不要简单地说"接住"。你给客人端茶时，应当说"请用茶"，如果还有点心可以说"请用些茶点"。请主人来吃饭的时候，可以说"请用餐"，而不是说"请吃饭"；假如你先于别人先用完餐，应向其他人打个招呼说"请大家慢用"。

对雇主家里的场所也应当使用雅称，例如"厕所"称为"卫生间"，"主人房"称为"卧室"，"佣人房"称为"工人房"，"吃饭"称为"餐厅"，"看书的场地"称为"书房"。

当然，雅语的使用还需要与动作相互配合，雅语与优雅的动作相互配合是十分必要的，人们会对你的个人修养留下较深的印象。

（二）接待宾客礼仪

接待宾客是家政服务工作中较常见的一项工作，接待宾客能力的强弱，可以直接地反映家政服务员综合素质的高低。

1. 接待准备

（1）布置接待环境。家庭中接待宾客的地方是一个家庭对外的窗口，如同一面镜子，可以充分体现雇主的综合素质、生活品位和生活质量。要尽量把接待宾客的房间布置得清洁、明亮、整齐、美观，营造良好的待客环境。

待客室要备有方便主宾交谈的沙发、椅凳和放置茶水的桌子或茶几，且必须卫生整洁，让客人一进门就感到该家庭的洁净和温馨。如果没有专门的接待房间，也可以布置一个清洁明亮的角落，使客人进门后能够立即落座，从容交谈。接待环境的空气应清新，温度要适宜。另外也可在窗台、屋角摆些盆景花卉。

（2）接待物品准备。为了方便客人进房后有放外衣的地方，最好备有衣帽架或衣帽钩。若需客人换鞋，应随时准备好干净的拖鞋。招待客人的茶壶、茶杯、茶叶、烟灰缸等要随时准备好，有时还要根据雇主的要求准备水果、小吃及香烟等物品。

（3）接待心理准备。接待客人还要做好心理准备，要从心理上尊重宾客，善待宾客，待人接物要热情开朗、温存有礼、和蔼可亲。尊重宾客还要注意自己的服饰仪表，让客人感到主人家确实做好各项准备，欢迎自己。

2. 接待方法

一般情况下，当听到门铃声或敲门声时，要迅速应答，同时前去开门。通常房门可分为外开门和内开门，如果门是向外开的，用手或身体挡住门，让客人先进入，相反门往内开，你先进入，按住或挡住门后再请客人进入，通常叫做外开门客先入，内开门己先入。在挡门时，要侧身，留有充分的出入口，并且面对客人微笑着说"请进"，同时伸手示意方向。请客人进入后再慢慢关上房门，跟随进屋。

在开启大门后，要以亲切的态度、微笑的面容先向客人礼貌问候，如"您好""欢迎您"，对认识的客人也可以直接称呼，"张先生，您好""李阿姨，欢迎您"。

如果有不认识的人，可先问明对方尊姓，然后立刻称呼和问候，并向雇主禀报。一般情况下不必与客人握手，如果客人把手伸过来，你要顺其自然随之一握，并请客人进屋。如客人需要脱外衣、放雨伞、换拖鞋，应主动给予帮助。如果家中有小孩子，也要嘱咐孩子向客人问好。如果客人手中有重物，招呼过后，应接过重物帮助放好。若客人手中提的是礼物则不能主动上前接过。但是如果雇主不在家，且未有明确交代，则不要轻易接待客人，应待请示雇主后再行决定是否接待客人。

在带领客人会见主人时，要配合对方的步调，在客人左前侧做引导。引导行走时上体稍向右转体，左肩稍前，右肩稍后，侧身向着来客，保持两步左右的距离，可边走边向来宾介绍环境，同时留心观察来访者的意愿。要转弯或上楼梯时，先要有所动作，让对方明白所往何处。如果要带客人到主人的房间，应先敲门，得到允诺后再开门并引导客人进入。

（三）招待宾客礼仪

1. 座位的安排

客人进房后，通常请宾客坐上位（离房门较远的位子，而离门口近的座位为下位）。目前国际上通常认为右为上，因此入座时常请宾客坐在主人的右侧。如若宾客是一对夫妇，最好让他们坐在一起，而不要分开。一般来讲，坐长沙发比坐单人沙发更显尊贵。当然具体如何让座，要根据雇主家待客房间的环境、座位的优劣、用茶的方便及其雇主的习惯综合考虑。

在请进让座接待中，要同时有"请坐"的接待声音和相应的手势，并立即请客人落座。当然要根据实际情况选择座位较好的沙发、椅子。客人来到后，你的主要任务就是满足客人的需要，不要把客人冷落一旁，要使他感到你处处为他考虑。

2. 款待宾客

客人落座后，家政服务员应担负起招待的任务，首先应端茶递水，如果是盛夏，也可以送上清凉饮品，如有可能，可以提出几种饮品请客人选择。首次沏茶入杯不要倒得太满，通常七分满即可。送茶时最好使用托盘，将茶杯放入托盘内，以齐胸的高度捧进，先将托盘放在桌上，再取出茶杯，双手敬上，先宾后主，并轻声招呼："请用茶"。

注意要将茶杯放在安全的地方，且杯耳朝着客人。如需要将茶壶放置在桌上，应将茶壶嘴对外而不能对人。退出时，通常手持托盘，面对客人倒退几步，在离开客人的视线后再转身背对客人静静退出。如果送茶时房门已关，应先敲门，在得到容许后再开门进入，然后说声"对不起"再进屋。若客人停留时间较长，应随时主动为客人续水敬茶；续水时，要将茶杯拿离茶桌，以免倒在桌上或弄脏客人衣服。

雇主会客时如无明确要求，你尽量不要在屋里走动、干零活。在接待过程中，还可以根据雇主的指示为客人送上些水果、小吃等。如果客人带着孩子，应给小孩取一些糖果和玩具，并可以让雇主家的孩子与客人的孩子一起玩耍。如果雇主会客时带着小孩不方便，你可请示雇主"您若没有什么事，我可以带孩子到别处玩；若有事，您可以随时叫我"，得到雇主的同意后，应对客人礼貌示意，随后带孩子们到别处玩耍。

如果客人已逗留至快用餐时间，你的雇主和客人均无告别之意，你应请示雇主是否需要备餐。

注意，请示时要将雇主请到别处再问，并要了解清楚饭菜的特点和丰盛程度，切忌当着客人的面就请示雇主是否需要备餐，若需要备餐，应主动按要求准备饭菜。餐后应准备些洗干净的水果，必要时要去皮后放在客厅的茶桌上供客人享用。

3. 送客礼仪

如客人提出告辞时，要等客人起身后再随主人相送，且应跟随在主人之后，切忌没等客人起身，先于客人起立相送，这是很不礼貌的。"出迎三步，身送七步"是迎送宾客最基本的礼仪，因此每次待客结束，都要以"欢迎再次见面"的心情来恭送客人回去。

通常当客人起身告辞时，家政服务员应主动为客人取下衣帽，必要时可帮他穿上，同时选择最合适的言辞送别，如说些"希望下次再来"等礼貌言辞。

当确定客人已离去且已走远后再轻轻地将门关严。一定不能在客人刚出门时你就将门"砰"地关上；否则，会让客人感到来此做客是不受欢迎的。

客人告辞时如带有较多或较重的物品，送客时应帮客人代提重物，并按照引导宾客的礼节送客。尤其对初次来访的客人更应热情、周到、细致些。通常送客可考虑平房住户送到大门口，高层住户送到电梯口。与客人在门口、电梯口或汽车旁告别时，要目送客人上车、关上电梯门或离开。要以恭敬真诚的态度、笑容可掬的表情鞠躬或挥手致意，不要急于返回，应待客人完全消失在你的视野外,或电梯门关闭后,或车开出视线外后才可结束告别。

(四) 接打电话礼仪

打电话前,必须将要说的事想好。拨通后,应先说一声"您好",然后再问"这是××家(单位)吗",得到明确答复后,再说"我是××单位××",然后说要找什么人。如对方表示帮你去找人,应说声"谢谢",并要守候在电话机旁。如果对方告知"××不在",你可说"谢谢,我待会儿再打"或"如方便,请转告××"。接听电话时,一般电话铃一响,就应及时接起。拿起话筒,应先说"您好,这是××家",然后自我介绍"我是××,请讲"。如果对方不是找你,而是请其他人接电话,你应说"请等一下"。如果对方要找的人不在,你可以主动问"需要我转告吗",并把对方的话用笔记下来。通话以后,要说声"再见",最好等对方挂机后再放下话筒。

(五) 探病礼仪

探视病人时可带上一些有利于病人恢复健康的营养补品、点心、水果及鲜花之类。与病人见面时要轻言细语、亲切热情,对病人的情况充满关切。要说些让病人高兴的话,鼓励病人尽快战胜疾病,不要提让病人心烦的事。探视时间以既能充分表达你对病人的关心,又不影响病人休息为宜。

第四节 了解雇主的生活习惯

一、了解雇主家庭的基本情况

初到雇主家,应了解其家庭的基本情况。

1. 了解并牢记雇主的家庭住址及周围与服务相关的场所和服务时间。

2. 了解雇主家庭成员之间的关系和处理紧急事务的电话。

3. 了解雇主对工作的要求和注意事项。

4. 了解所照看的老人、病人和小孩的生活习惯、脾气等。

5. 了解雇主家庭成员的性格、爱好、工作、生活习惯与时间安排，饭菜口味及家庭必要物品的摆放位置。

二、尽快适应服务家庭的生活习惯

俗话说，要入乡随俗。家政服务员应该做好心理准备，尽快适应所服务家庭的生活习惯。

1. 与雇主交流尽量使用普通话。

2. 到少数民族雇主家服务，要尊重他们的习俗，不可过多询问。

3. 尽快适应雇主家的饮食习惯，按照雇主家的口味烹调饭菜。

4. 尊重雇主的生活习惯，尽量改变自己的生活方式，适应雇主家的生活方式。

三、我国主要少数民族的习俗

1. 回族

回族信仰伊斯兰教，忌食猪肉，不抽烟，不喝酒，不吃马肉、骡肉、驴肉，不吃一切牲畜的血和死动物，吃牛肉、羊肉及家禽。回族的主要节日是开斋节、古尔邦节。开斋节要到清真寺做礼拜。这一天，回族人要"炸油香"送给亲朋好友。

2. 壮族

壮族是我国人口最多的少数民族。壮族人热情好客，待客有讲究，如招待客人递茶或舀粥要双手递给客人；陪客人喝酒主人不能先停；传统节日是三月三，这一天青年男女要精心打扮，对唱山歌。

3. 满族

满族人十分重视礼节，平时人们见面都要行请安礼，饮食上现在已和汉族差不多了。满族人不吃狗肉。满族人的传统节日是农历5月上旬的五月节。到满族人家做客，切忌坐西炕，因为这是他们供奉祖先的位置。

4. 朝鲜族

朝鲜族人注重礼貌待客，尊敬老人，能歌善舞，喜爱体育；在饮食方面，喜欢酸辣口味，爱吃冷面、泡菜和狗肉，不爱吃羊肉、肥猪肉和河鱼及带甜味和放花椒的菜。农历6月20日是朝鲜族传统的老人节，这一天，60岁以上的老人要身戴红花，接受人们的祝贺。

5. 蒙古族

蒙古族人也很讲究礼节，饮食方面多以奶制品和肉食为主。蒙古族人热情豪爽，如送给你食品，即使你吃不惯也不要拒绝。蒙古族人大多生活在草原上，传统的节日是"那达慕"，在节日里人们有唱歌、跳舞、赛马、摔跤等活动。

6. 其他少数民族

苗族、藏族、彝族、傣族、维吾尔族等都有自己不同的饮食习惯和民族礼节。藏族人喜爱吃青稞面、酥油茶、牛羊肉；彝族人爱吃面食；傣族人用竹筒烧煮饭菜；而苗族人则喜欢吃酸鱼、酸菜；维吾尔族人信仰伊斯兰教，忌食猪肉、狗肉、骡肉等。

第二章 家务劳动

第一节 制作家庭餐

一、大米类

（一）焖米饭

将大米淘洗干净，待水烧开时将大米下锅（水浸过大米约2厘米），水再开时，用饭铲将大米搅几次，待锅内水被吸干时，即熄火。盖紧锅盖，焖30分钟左右即熟。

米饭要焖得软硬适口，不夹生，不出或少出锅巴，有香味，关键在加水量和火力。

一般情况是每500克大米加水750克。加水多少与大米的品种，新米、陈米有关系，籼米、陈米吃水较多；粳米、糯米和新米吃水较少。

焖米饭时还要注意以下两点：一是焖米饭的火力要先大后小；二是洗米时间不宜过长，不要用力搓洗，仅需用手将大米翻动，淘净糠皮、泥沙、草屑、稗子等杂物就行。

（二）蒸米饭

蒸米饭有两种成熟方法。

1. 将大米洗净放在盆碗中，根据对饭的稀稠要求，适量加水。锅置旺火上，加水，水沸时放上蒸笼，然后将盆碗放蒸笼内蒸40分钟左右即熟。

2. 锅置旺火上，加水，将洗净的大米倒入锅中，煮沸后约四五分钟捞起。再将蒸笼放锅上，铺上干净纱布，将捞起的大米倒入，蒸至熟。这种制法营养成分容易损失，应尽量少用。

（三）粥

一般用粳米煮粥。

先将大米用水浸泡 10 分钟，洗干净。锅置旺火上，加清水烧沸，把泡好的大米倒入沸水锅中，待再烧沸时，改用小火煮至稠浓即可。

（四）蛋炒饭

将鸡蛋磕碗中，加葱花、精盐和少量水，用筷子打散备用。锅置旺火上，加食用油烧热，将鸡蛋液下锅炒熟，再将熟干饭下锅炒均匀（油不要用太多），装盘中即成。

（五）八宝饭

将糯米洗净。将锅置旺火上，加清水烧沸，糯米放锅中煮熟后捞出，放盆中加白糖、猪油拌匀。将红枣、瓜条、核桃仁（可根据实际情况增减）等铺碗底，拌均匀的糯米覆盖在上面，置蒸笼蒸熟，取出扣盘中。锅置旺火上，放水烧沸，再放入白糖、湿淀粉煮成适量的芡汁，浇饭上即成。

二、面点类

（一）和面技术知识

1. 和制硬面团

（1）操作程序。将 500 克面粉置于面盆中，倒入 200 克水，将面粉与水搅拌均匀，再加入 50 克水继续搓揉，使其成为面团；面团形成后用力揣揉。把面团压薄并折叠，继续多次按压。每次折压要蘸水（总蘸水量约 20 克）；一直将面团揉透至上劲，用一块干净的湿布盖好醒 30 分钟左右即可。

（2）技术关键。此种面团的用水量少而硬，而且要将水分次掺入。搓揉时站立的姿势要便于用力；在折压面团时要用大力，要反复进行多次；醒面也要反复多次。

（3）质量标准。面团的外表光润滑爽，面硬而有劲，内部无洞孔和干面块。

（4）适用范围。此种面团适用于制作刀削面、手擀面等品种。

2. 和制软面团

（1）操作程序。面粉500克置于面盆中，倒入250克水，将面粉与水搅匀，再加入50克水搅拌搓揉成为软面团；然后用湿布盖好，醒30分钟左右即可。

（2）技术关键。此种面团水多面软，不宜反复揉搓。

（3）质量标准。面团光滑细润，面质无洞孔，软硬适度。

（4）适用范围。此种面团一般适用于制作馅饼、水饺或烙饼等品种。

3. 面团发酵和面

（1）操作程序及方法。500克面粉中加250克水搅拌均匀。将适量的面肥撕成小块放入面团中采用"揉"的方法，将面团揉匀揉透后，用布盖好醒发一定时间，待面团膨胀，内部布满蜂窝状的气孔，面团即已发酵好。

（2）技术关键。面团的加水量要合适，软硬度要适中。四季的用水温度不同，夏季用冷水，秋季用温水，冬季用不超过35℃的温热水。面肥可根据季节调整，夏季少用，冬季多用。发酵的时间，夏季1~2小时，春秋季3~6小时，冬季10~24小时。

特别提示：

发好的面加碱前要先留出一小块，以备下次发面时使用；碱不要一次加多，加碱后的面团要边揉边往里揣一些干面粉，但干面粉不能过多；面团要揣匀揉透，揉至面团有劲而不沾手为止。

（3）质量标准。发好的面团有轻微的酵母发酵的酸味，面团膨起，面团内有均匀的蜂窝状孔。使好碱的面团色白不黄，味微甜但不能有酸味和碱味，蜂窝小而均匀，面团不沾手。

（4）适用范围。适于制作包子、花卷、馒头、糖三角、肉龙、发面饼等。

4. 酵母粉发面

（1）操作程序及方法。500克面粉放于面盆中加水250克、干酵母15克搅拌均匀。将面搅拌搓揉成团，揉匀揉透，用湿布盖好，使其发酵40分钟左右即可。

（2）技术关键。和面的水温以35℃为宜，加水要适量，面团软硬度要适中，醒发时间要适当，发酵环境温度以35℃左右为宜，发酵时间的长短与发酵环境温度密切相关，发酵环境温度低发酵时间应相对较长些。

（3）质量标准。软硬适中，发酵好的面团膨松，没有酸味，没有面痂。

（4）适用范围。适于制作包子、馒头、花卷、糖三角、发面饼等。

（二）面坯成型技术

面坯成型包括搓条、卷条、揪剂、按皮、擀皮、包馅、成型等工序，是主食制作的关键技术，关系到成品的外观和质量。

1. 搓条

（1）操作程序。取一块面团，用双手掌跟把面团搓成圆柱形，双手从中间不断向两端延伸，来回推搓，搓成粗细一致的圆长条。

（2）技术关键。面必须醒透，双手用力均匀。

（3）质量标准。条粗细一致，外表光滑，筋力强。

（4）适用范围。粗条适合揪馒头剂、包子剂，细条适合揪饺子剂。

2. 卷条

（1）操作程序。首先将面团擀成长方形薄片，然后撒上油、盐或抹入各种馅料，从里向外卷紧，卷成粗细一致的长条。

（2）技术关键。油盐、馅料要均匀，条要卷紧，速度要快，防止面泄劲。

（3）质量标准。条粗细一致，馅和油不能外漏，馅心薄厚均匀。

（4）适用范围。这种方法大多适用于蒸花卷。

3. 揪剂

（1）操作程序。一手握住剂条，使剂条从虎口处露出相当剂子大小的截面，另一手的大拇指、食指和中指靠紧虎口捏住露出的截面，顺势往下揪，每揪下一个剂，都要顺势将剂条露出一个剂的截面，并将条转动一下，以保持剂条始终圆整。

（2）技术关键。速度要快，发力要匀，如果下剂的速度慢，易把剂子揪长。两手配合协调，一手上，一手下，用两手相反地用力把条挫断。

（3）质量标准。剂子大小要一致、外表光圆。

（4）适用范围。大剂适用于制作馒头、包子、家常饼，小剂适用于制作饺子。

4. 按皮

（1）操作程序。案板撒上干面粉，将揪好的剂子立放在案板上，用手掌跟部将面剂按成中间厚、边沿薄的圆形面皮。

（2）技术关键。干面粉不可过多，皮不能过薄。干面粉过多容易开褶；过薄容易掉底露馅。

（3）质量标准。按好的皮中心厚，外沿薄，面皮圆，大小一致，粉干适当。

（4）适用范围。一般适用于制作糖包、豆包、包子、馅饼等。

5. 擀皮

（1）操作程序。把面团搓成细条，揪成小剂，撒上干面粉，用手掌轻轻揉动，把面剂滚圆，再将剂子按扁，一手捏住边沿旋转，另一手用手掌带着擀杖来回拖动擀压，双手密切配合，擀一下，剂皮顺一个方向转动一个角度，至大小适当、中间稍厚、四周略薄、形圆即可。

（2）技术关键。两手动作协调，用力一致，不可过大。

（3）操作要点。干面粉不能过多，用力不能过大。干面粉过多饺子容易开口，用力过大易造成面与擀面杖粘连。

（4）适用范围。适用于制作锅贴、饺子。

6. 包馅

（1）操作程序。一手拖住面皮，把馅心放到面皮的中间，把面皮的边沿向中间合扭捏严，包成包子；或者把面皮对折，边沿捏严，包成饺子。

（2）技术关键。馅心不能过大或过小，馅心要正，收口不能过厚，不能造成漏馅。

（3）操作要点。馅心大小适中，馅心要正，捏褶要匀，收口要严。馅小达不到质量要求，馅过大易露底；褶不匀影响美观，收口不严易漏汤汁。

（4）适用范围。适用于各种馅心、各种面团，适用于制作包子、锅贴、饺子和各种包馅制品。

（三）蒸馒头

1. 将面用水解开，加面粉和适量水和成面团，静置发酵。发酵时间夏季4~5小时，冬季要长些。也可放置在暖和的地方，促其发酵。

2. 面团发起后，兑适量碱（自发粉可不加），揉匀至无酸味，醒面片刻，搓条下剂，每剂约50克。

3. 将剂子揉成馒头状，放在面板上。

4. 点燃燃气，放上蒸锅，锅内放入凉水，铺好屉布，摆上馒头面坯，盖锅盖，选择大火，蒸20~30分钟，馒头即熟。

特别提示：

·如果不用面肥发面，而用干酵母粉，一定要用35℃左右的温水溶解酵母并放入面粉中。

·发酵的最佳温度是35℃，发酵所用的时间为40~60分钟。

（四）做葱花饼

1. 发面（参照制作馒头的发面方法）。

2. 将切好的葱花加盐用油拌好。

3. 把发面用擀杖擀成薄片，将拌好的葱花放在面片上，面片卷起，用刀切成小段剂子，用双手捏住剂子的两端，拧转一下，放在屉上。

4. 上屉后，盖好锅盖，选旺火蒸 20~30 分钟即熟。

（五）做肉包子

1. 发面（参照制作馒头的发面方法）。

2. 制馅：

（1）选用新鲜、肥瘦适当的肉馅。

（2）加入适当料酒、盐、酱油、味精拌匀后，陆续加水，搅拌上劲。

（3）放入姜末、葱花、胡椒粉、香油搅拌。

（4）搅拌肉馅时应顺一个方向搅拌。

（5）将醒好的面搓成长条，下剂，每剂约 25 克，将剂擀成边薄中厚的圆皮包馅，捏 12 个以上的褶，入屉蒸 20~30 分钟即熟。

（六）做烙饼

1. 在面里加入适量的温水，反复揉搓成光滑的面团，烙饼的面要和得软和些，醒面片刻。

2. 将面团擀成薄片，薄片上涂油，撒些细盐，卷起来切成剂子，把剂子两端及边捏紧、捏严、压扁。

3. 烙饼用微火，当炉上饼铛发热时，将擀好的饼放在饼铛上，要不停地翻个，当饼鼓起来时再翻几次即熟。

（七）做水饺

1. 和面要不软不硬，面团要揉至光滑，醒面。

2. 制馅（参见肉包制馅或做素馅）。

3. 将面团切成长条，用手将面团搓匀，并揪剂，擀饺子皮。

4. 左手托皮，右手用馅板放入肉馅，采用挤捏成型的方法，捏成饺子。

5. 点燃燃气用火，锅中水沸时投入饺子，用勺子顺锅边推动，待水沸时加点儿凉水，反复加水 2~3 次后，水饺即熟。

三、基本菜肴烹饪

（一）洗菜

洗菜是很关键的一个环节，只有仔细清洗才能保证食物的卫生。

1. 把蔬菜浸泡在清水中 1 小时左右，再用盐水冲洗，最后用清水洗净。

2. 对一些食根的蔬菜先洗后择。例如萝卜、土豆等。

3. 对食叶、食茎的蔬菜应先择后洗。例如芹菜、白菜等。

4. 为减少营养成分丢失，一般应先洗后切。

特别提示：为了饮食卫生，加工食物时要注意生、熟分开。

（二）配菜

1. 根据菜的特点，突出主料，用辅料加以点缀。

2. 注意菜的颜色搭配、形状搭配。

3. 做以肉为主的菜肴时，要搭配些青菜，避免油腻。

特别提示：切菜的时候，注意切的形状、大小尽量相同。

（三）调味

1. 为保持某些菜肴本身特有的味道，不要用大蒜、辣椒等浓味的调料。

2. 对于有腥味的原料应放些花椒、大料、料酒、葱、姜、糖等调料。

3. 对于新鲜的原料要少放调料，以突出原料本身的美味。

4. 海参、鱼等本身没有味道，除了加入鲜汤外，还要再加上相应的调味品。

（四）烹饪火候

1. 旺火。用旺火爆炒菜肴能保持菜的原味，使菜肴鲜嫩可口。例如，炒豆芽、清蒸鱼都可以使用旺火。

2. 中火、小火。可以烩、炖、煨比较老韧的菜或肉，使菜肴软、烂，入味。例如熘鱼片、炖肉等。

3. 微火。仅做保温用。

（五）烹饪技巧

1. 挂糊上浆

挂糊上浆就是在经过刀工处理后的原料表面，包裹上一层有黏性的粉糊或粉浆的操作方法。挂糊上浆能保持原料水分和鲜香味，保持原料的营养成分，保持原料形态的完整，增加菜肴的美感。

挂糊上浆时应注意的是：

（1）糊浆的稠稀度应适当。质嫩或冷冻过的原料，糊浆应浓稠一些；质地较老、水分较少、吸水性较强的原料，糊浆应稠薄一些；挂糊上浆后立即烹制的原料，糊浆应稠一些。

（2）糊浆要充分搅拌均匀。糊浆如果搅拌不均匀，小颗粒附着原料的表面，投入油锅时容易引起爆裂脱落，影响菜肴口感及表面美观，并可能造成烫伤事故。

（3）糊浆要把原料的表面全部包裹起来，如果包裹不全或不均匀，烹调时油料会从空隙地方浸入，影响成菜质量。

（4）挂糊上浆的原料下油锅时油温要适宜，油温过高或过低都会影响成菜的质量。

2. 勾芡

勾芡就是在烹调菜肴时，在汤汁中加入适量的湿淀粉，利用淀粉受热糊化的原理，使汤汁浓稠，并使其有一定附着力的烹调方法。勾芡能使菜肴具有良好的口感，保鲜增味，保持光润美观，减少营养成分损失。

勾芡时应注意的是：

（1）应在菜肴即将成熟时及时勾芡。原料成菜时要求什么样的芡汁方式，事先心中有数，然后准确掌握湿淀粉的用量。

勾芡后汤汁应适量。

（2）菜肴表面的油量不宜太多，否则会影响勾芡的效果。

（六）掌握调味的原则

1. 下料必须恰当适时。烧菜时，一般黄酒、盐、糖、酱油等调味应先放，醋、麻油、味精等调料应在菜肴即将出锅时放。

2. 严格按照一定的规格调味，使菜肴保持始终如一的风味特色。所谓规格调味，就是指各种调味品用料不能多也不能少，应有一定比例。

3. 必须根据季节的变化适当调节菜肴的口味和颜色。如夏天应使菜肴色淡些，口味亦清淡些；冬天应使菜肴色浓些，口味亦重些；春、秋两季菜肴则应介于冬、夏两季之间。

4. 还必须根据原料的不同性质调味。鲜活原料要突出原料的本味，除了加盐、葱、姜、酒以外，不必加其他调味。带有腥味的原料在烹调中应加重调味量。对本身无滋味的原料应适当增加鲜味，如山珍海味原料在调味时必须用鲜汤补其鲜味的不足。

四、家常菜烹饪方法

家庭常用的烹调方法大致有如下5种。

1. 炒

炒是最常用也是最基本的一种烹调方法。具体操作时先将原料经刀工处理成为丁、丝、条、片、球等形状，锅加热放适量油，将食物倒入锅内快速翻炒，适当喷些水下锅，这样锅中会产生蒸汽，有助食物快熟。当菜原料炒至半熟时加入调料，断生即可起锅。荤素菜合炒，应先将荤菜原料炒至五六成熟再下素菜原料，一起炒至熟。也可将荤素菜原料分别炒至五六成熟，然后合炒至熟。

炒的操作方法要注意旺火热油，快速翻炒，断生即可。炒具体又分为生炒、熟炒、软炒、干炒4种。

（1）生炒又称煸炒，原料不挂糊，热油旺火炒至五六成熟，再加调味品，迅速翻拌，断生即成。

（2）熟炒，即将半熟或全熟的大块原料切后入锅旺火略炒，加调味品即成。

（3）软炒，又称滑炒，即先将主料去皮骨，经调味后，再用蛋清、淀粉挂糊，放入五六成熟的油锅中炒至九成熟时出锅；接着单炒配料，待快熟时将主料放入同炒，加些卤汁勾薄芡起锅。

（4）干炒或称干煸，即主料经调味腌渍后，放入八成熟油锅中迅速翻炒，至七八成熟时加入配料，同炒几下，使卤汁收干即可出锅。

实例：干炒牛肉丝

原料：牛肉（400克，切丝），甘笋、西芹各100克（切丝），蒜茸1汤匙，油60克，辣椒油4茶匙，麻油1茶匙。

调味料（一）：豆瓣酱1/2汤匙，葱花1汤匙，姜茸1茶匙。

调味料（二）：料酒、老抽1汤匙，糖1茶匙。

做法：

①烧热1.5杯油，放入牛肉丝大火炸1~2分钟，沥干油分，再烧热1杯新油，将牛肉丝再炸至干身，沥去油分。

②烧热2汤匙油，加调味料。

A. 略炒香，放蒜茸、甘笋丝及调味料；

B. 炒匀，再加入辣椒油、麻油炒匀即成。

2. 蒸

将原料调好味放于盘中，整盘置于蒸笼内或锅中，锅内放入清水，盖好盖，通过加热使锅内产生高温蒸汽，将食物蒸熟。用此法制作菜肴省时省工，所蒸菜肴可保持原汁原味，减少菜肴养分的损失，口感嫩滑，还能保持原料的原有形态，所以便于烹制一些造型美的菜肴。

采用蒸的方法制作菜肴，要注意必须等锅内水滚后，才可将食物整盘放入锅内蒸，若水未开就把食物放入，会影响食物味道的鲜美和肉质的嫩滑。

实例：豉汁蒸排骨

原料：肉排 300 克，豆豉 5 克，独头蒜 1 个，盐、白糖、生粉、老抽、葱段、花生油各适量。

做法：将肉排斩开成块，豆豉和独头蒜用刀背锤成茸，与排骨块拌匀，再加入生粉、白糖、精盐、老抽拌匀，最后加入花生油，铺平，等蒸笼水滚后，入笼蒸 10~15 分钟，取出加葱段便成。

3. 煎

煎也称干煎。用油较少，油要温，火要小，煎品要两面受热。当煎品呈金黄色时，放进佐料，再反复翻煎几下，待汁烧干后即可出锅。有时也将调味料做好后码于煎熟的主料上，这种煎品味更香浓。

要注意的是，肉类油煎后，肉质会因结缔组织收缩而变得坚韧，不易嚼烂，且较难消化。因此煎肉之前，应先以刀背捣打肉品，以避免肉品煎后发硬。鱼因结缔组织较少，煎后影响不大。鸡蛋煎老了，也会因蛋白质凝固而发硬，比嫩鸡蛋难消化。

实例：煎猪排

原料：猪排 500 克，酱油、料酒、盐、糖、葱、姜各适量，鸡蛋 1 个，面包屑小半碗。

做法：猪排横切 2~3 厘米宽的片以刀背频频轻剁，使肉质疏松。然后用酱油、料酒、糖、盐、葱、姜末腌 1 小时。鸡蛋在碗中打散。将腌好的猪排在鸡蛋碗中拖过，再蘸面包屑，放于平底锅中两面煎黄即成。

4. 炖

炖是主料先经初步热处理后，加汤，盖严锅盖，先用旺火烧开，后用微火慢炖，使菜肴酥烂入味，汤浓味醇的烹调方法。炖适合于质地较老、形体较大的一些原料，如各种肉类及鸡、鸭、鱼等。炖的原料品种虽多，但做法基本一样，原料是鸡、鸭的，以整只为好，其他肉类原料可切成块。

实例：清炖牛肉

原料：牛肉 500 克，胡萝卜、白萝卜各 200 克，料酒 20 克，葱段、姜片、胡椒粉、精盐、味精各适量，花椒 10 粒。

做法：先将牛肉洗净切成块，胡萝卜、白萝卜切成菱形块。将牛肉块放入锅中，加凉水（水是牛肉的 1.5~2 倍），上火烧开，用勺子把漂浮上来的血沫撇去。汤滚一下而又无血沫时离火。

将牛肉块捞出，用温水将附着在肉块上的血沫洗净。将澄清好的牛肉汤倒入原锅内，加入牛肉块、葱段、姜片、精盐、料酒、胡椒粉、花椒，大火烧开，再改小火慢炖，盖严锅盖。在牛肉炖至两个半小时后，加入胡萝卜块、白萝卜块，再与牛肉同炖半个小时，食时加入味精。此菜是汤菜，口味清鲜，食之利口。按此做法还可制作"清炖羊肉"。

5. 拌

拌是把生菜或晾凉的熟料加工成丝、条、片、块等形状，再用调味品凉拌的烹调方法。拌菜常用的调味品主要有酱油、醋、芝麻油等，这些调味品具有清香爽口的特点。此外，还可根据不同的口味，选用姜末、蒜末、辣椒、花椒、芝麻、白糖等调味品。

拌制生料凉菜时，首先应将原料用沸水稍烫消毒，再切成小料拌制。其次要将手用肥皂洗干净，刀、案板也要刷洗干净，以防止细菌污染引起食物中毒。

实例：凉拌海带丝

原料：海带 100 克，粉丝 100 克，精盐 4 克，味精 3 克，酱油 10 克，醋 10 克，香油 5 克，蒜泥少量。

做法：

（1）海带泡发后洗净切成丝，放入开水烫一下，捞出沥干。

（2）将粉丝煮熟放凉。

（3）将海带丝和控干的粉丝加全部调料拌匀即可。

技术要点：
（1）原料的合理搭配。
（2）色彩搭配要求协调统一。
（3）要求丁配丁、块配块、丝配丝、段配段，外观协调一致。
（4）味形、营养要多样化。

第二节　选购食品

一、如何识别与采购烹饪原料

1. 原料的食用价值

原料的食用价值包括原料的营养价值、口味、质地等指标。原料的品质与原料的品种、产地等有着密切的关系。

2. 原料的成熟度

原料的成熟度与原料的培育和饲养时间、上市季节有着密切的关系。

3. 原料的纯净度

一切优质原料都表现为纯净无杂质、无异物；反之，是品质差的原料，加工起来费时费力，消耗成本高，口味也差。

4. 原料的新鲜度

这是识别原料品质的最基本的标准。存放的时间过长或保管不妥，都会使原料新鲜度下降，甚至引起变质。这些变化一般可以从以下5个方面反映出来。

（1）形态的变化。任何原料都有一定的形态。原料越新鲜，它的形态就保持得越好；反之必然变形走样，不新鲜的蔬菜会干瘪发蔫，不新鲜的鱼会脱鳞。

（2）色彩的变化。每一种原料都有其天然的色彩和光泽，如新鲜鱼的鳃颜色鲜红。原料色泽和光泽变灰暗或有其他非天然的色泽时，都说明原料新鲜度有所降低。

（3）含水量和重量的变化。新鲜的原料都有正常的含水量。含水量变大或变小均说明原料不新鲜，含水量的变化一般反映在重量的变重或变轻上。鲜活原料水分蒸发、重量减轻意味着新鲜度下降，而干货原料则相反。

（4）质地的变化。新鲜原料质地大多坚实饱满，富有弹性和韧性；质地松软而缺乏弹性则说明原料新鲜度下降。

（5）气味的变化。各种新鲜的原料一般都有其独特的气味，凡是不能保持其特有气味而出现异味的，说明其新鲜度下降。

5. 原料的清洁卫生

烹饪原料是用以制作菜肴的，必须符合食品卫生的要求。凡是腐败变质、受污染或本身带有致病菌和毒素的均不能选用。对于这一点必须特别注意。

二、采买

家政服务员为所服务的家庭采买物品是必不可少的工作之一，所以应掌握有关购物的技巧。购物的主要任务是买食品，买食品时应注意以下几点。

（一）做到"三勤"

买菜要去大菜市场或农贸市场，无论是去大菜市场还是去农贸市场，想要买到合意的菜，就应做到"三勤"，即脚勤、嘴勤、眼勤。

（二）注意蔬菜的价格

现在蔬菜的市场价格均放开。不同的菜市场、不同的菜摊、不同的时间，蔬菜价格均不一样。要想买到价廉物美的商品，就应做到货比三家。

（三）注意蔬菜的质量

鉴别蔬菜的质量，首先要看蔬菜质地是否鲜嫩；其次要看蔬菜是否光亮；另外要看蔬菜水分是否充足；最后还要看蔬菜表面是否有伤。

(四) 注意蔬菜的营养

蔬菜的价格并非与养分成正比。一般情况下,蔬菜色彩越深,养分越高,其规律是绿色的养分最高,黄色或杂色次之,白色最低。

(五) 了解食品质量的鉴别知识

1. 肉类(猪肉、牛肉、羊肉)

鲜肉有一种固有的香味,表面微有干膜,肉色淡红发光,指压时有弹性,肉汁透明。鲜肉切口处由于肌红蛋白暴露于空气中而呈紫红色,暂时放置则氧化成鲜明的红色,长时间放置变成褐色,不鲜的肉表面干燥或极为湿润,呈灰色或灰绿色,无光泽,无弹性,发黏,有腐臭气味。

2. 蛋类

鲜蛋表面粗糙,在阳光下或灯光下时呈半透明,蛋的轮廓清晰。鲜蛋比变质蛋要重,故当将蛋放入盐水(60克食盐溶于1 000毫升水中)中时,鲜蛋立即下沉;刚开始变质或时间已很长的蛋则一端向上缓缓下沉;完全变质的蛋则上浮在水面。一般质量差的蛋表面光滑发暗,振摇时响声明显,对光照射发暗或有污点。

3. 饮料类

优质饮料应该没有沉淀,不漏气,开瓶后具有原香味。如有混浊或沉淀,有异味,无论是汽水、汽酒、果子汁,还是补酒、露剂均表明已变质。

4. 鱼类

目前市场上出售的有鲜鱼和冻鱼两类。新鲜的鱼,表皮有光泽,鱼鳞完整、贴伏,鱼背坚实有弹性,用手指压一下,凹陷处立即平复;肚腹不膨胀,肛门不突出,将鱼放在水中不下沉。鱼鳃鲜红或粉红,没有黏液,无臭味。鱼的眼睛透明、洁净而突出。不新鲜甚至变质的鱼,鱼鳞色泽发暗,鳞片松动,鱼背发软,肉与骨脱离,用手指压腹部,凹陷部分很难平复。鳃的颜色呈暗红或灰，有陈腐味和臭味。鱼眼塌陷，眼睛灰暗，有时因内脏溢血而发红，如果鱼鳞已脱光，则说明质量更差。

质量好的冻鱼，表面清洁，光泽明显，鱼肉、鱼骨连接牢固不脱离。用温水解冻后，有鲜鱼本身的外表特点，如带鱼为银灰色，黄鱼为黄白色，鲈鱼为金黄色。闻其味，没有难闻异味，假如解冻后的鱼，腹部变黑，鱼体不但无弹性，而且肉、骨脱离，说明冷冻前已是不新鲜的鱼了，要是再有难闻的异味，则已是腐败变质的鱼了。

5. 罐头类食品

各种精制的美味食品和加工调制的水果，为了便于保存、携带，常常装在铁皮罐或玻璃瓶内加以密封，制成罐头食品。

目前，铁皮罐头的保存期一般为 2 年，玻璃瓶罐头为 1 年。购买时，应首先仔细查看罐头上的商标及所注明的出厂日期。其次，是查看罐头的形体，铁皮罐头先看接缝卷边的地方有没有凹陷或凸出。如果有，罐头上就可能有缝隙。再看看罐头外皮有无铁锈，如果有铁锈，就可能有孔眼。罐头有了缝隙和孔眼，空气就会进入罐内，引起食品的变质腐败，同时再观看罐盖和罐底。正常、完好的罐头内气体少，气压低，盖和底一般是向内凹陷或平的，罐身洁净，有光泽，焊锡完整，封口严密。如果罐头内的食品变质了，细菌便大量繁殖，产生二氧化碳气体，使罐内压力增大；当罐内压力大于外界空气压力时，罐盖、罐底就膨胀凸出。另外，还可以把罐头拿起来，用手指按压它的底部，一直按到铁皮上出现压坑为止；稍等一段时间以后，如果压坑处开始复原（哪怕只有一点点复原），就说明罐内食品已不新鲜了。

玻璃瓶装罐头质量好坏的判别方法是：如果是铁皮瓶盖，盖中部向内凹，瓶内食品颜色正常，汤汁清澈，瓶底内没有沉淀物，食品块形完整，说明瓶内食品是好的；如果瓶内食品变色，汤汁混浊，有沉淀物等，则说明食品已经变质。

第三节　家居保洁

一、家居保洁概述

家居保洁是家务劳动中涉及面最广的工作之一，能够进行家居保洁，是家政服务员的基本功、必修课。

扫地，擦擦桌子，这些看似简单明了的劳动，实际上却包含了很多的科学知识和其固有的规律性，有着很多的经验和技巧。很多家政服务员在一开始从事这项工作时，由于不懂得其中的道理，缺乏科学知识，不了解其中的规律性，没有掌握相关的技巧，工作起来往往不知从何下手，东一榔头西一棒子，干了这忘了那，尽管每日忙得团团转，花费了不少的气力，却不能达到良好的清洁效果。反之，如果学习了家居保洁的科学知识，掌握了它的规律性，熟知工作技巧，就会取得事半功倍的效果，就一定能够成为一名合格的家政服务员。

首先，每个家政服务员都应该明白家居保洁的目的，即通过对居室的清扫、擦拭、整理3个环节，使居室环境变得更加干净、整齐、美观、舒适。

其次，应了解一般家居保洁的顺序。家居保洁的基本顺序是：打开窗户通风换气——整理床铺——整理摆放饰品、饰物——摆放桌椅——擦拭家具及用品——清洁擦拭地面。例如擦拭顺序：拉开窗帘——打开窗户——叠被褥——整理床铺——整理摆放床头柜、梳妆台及桌面上的书籍、杂物及饰品饰物。接着准备好盆、清水、簸箕、抹布。然后擦拭床头——床架——窗台——柜子——桌面——桌脚——椅子——椅子腿等所有家具。并随手将家具上的污物清扫到簸箕之中。准备好笤帚，从居室最里端扫起，直至扫到门口，再将污物装入簸箕。将已经洗净的拖布拧干，按照扫地的顺序将地擦拭干净。这就完成了一个居室的清扫擦拭工作。

二、地面清扫

1. 清洁前的准备工作

家政服务员在进行地面清扫之前，一定要先了解自己将要清扫什么样的地面，是砖地面、水磨石地面、木质地面，还是复合地板，并按清扫地面的类别及地面上污染的情况，准备好必要的清洁工具及物品。

2. 正确的清扫及擦拭方法

（1）用扫帚清扫地面的方法。一般家庭使用的扫帚有长把和短把两种。使用长把扫帚，应右手在下，左手在上，虎口向下，双手握住木杆；使用短把扫帚，可用右手握住扫帚上端，扫地时必须将腰弯下。不管使用长把或短把扫帚都要轻扫动，不要扬起很高，否则会弄得尘土、纸屑满天飞。

（2）用拖布清洁地面的方法。擦地时，应双手握住拖把的木柄，右手在前，左手在后，虎口向上。擦地的方法是：身体前倾，右脚在前，左脚在后，也可以根据擦拭的部位不同，随时变换双手、双脚的前后位置。擦地时，拖布应按从左至右或由右至左、由前变后的顺序用力擦拭，这样才能保证将地擦拭干净。涮拖布时，双手握住木柄端部，将拖布在水桶中上下抖动，直至将拖布涮净为止。拧拖布时，应一手握木柄下部，一手抓住拖布，左右手朝相反方向拧，直至将水拧干为止。

（3）用吸尘器清洁地面的方法。使用吸尘器工作时应身体前倾，双手握住吸尘杆，吸尘口平贴于地面，按由左至右或由右至左、由前至后的顺序不停地移动，直至将地面吸干净。

3. 清扫及擦拭地面的正确顺序

不论是使用扫帚扫地，还是使用拖布擦拭地面，或使用吸尘器吸尘，都应当遵循的顺序是从里到外，由角、边到中间，由小处到大处，由床下、桌底到居室较大的地面，依顺序倒退着向门口清扫。

4. 清扫及擦拭地面应注意的事项

（1）扫地时，如果尘土太多，应向地面洒点水，或在扫帚上沾点水，然后再扫。

（2）用拖布擦地板时，拖布应保持清洁。地板刚擦完最好不要进入屋内，以免影响擦拭效果。

（3）家用吸尘器连续使用时间不要超过1小时，以免电动机发热而烧坏。不要用吸尘器吸液体、黏性物体和金属粉末，以免引起管道堵塞。

5. 不同的地面应采用不同的清洁保养方法

目前家庭装饰中，人们普遍采用地板砖、大理石、花岗岩、木料、塑料地板等材料作为居室、厨房、卫生间地面。无论采用哪一类材料装饰地面，保洁时都应当先用扫帚将地面污物清扫干净，然后采用其他的清洁保养方法。

（1）水磨石地面。清洁保养水磨石地面时应用潮湿的拖布按照清洁顺序反复擦拭，至擦干净为止。地面排水条件好，又不会影响其他居室和周围环境卫生的，可以采用清水冲刷方法保洁。如果地面有污物，用拖布擦拭不干净，可以采用尼龙刷沾上清洁剂或肥皂水用力多刷几次，然后擦干。千万不要用锐器刮地面污物，以免损坏地面的光洁度。

（2）地板砖。地板砖表面有光泽的，也有较为粗糙的。地板砖吸水性较差，擦拭时，使用的拖布最好拧干，效果更好。要注意防止由于地面水渍过多，使人滑倒。地板砖易碎裂，保洁时要注意不使用重物碰砸，以免破裂。

（3）木质地板。木质地板保洁时，拖布不能太湿，以防木板受潮。也可以用半干的拖布或抹布，蘸煤油或专用地板清洁剂按照顺序擦干净。有条件的家庭还可以定期给地板上蜡，使木地板保持光亮，延长使用寿命。

（4）塑料地板。塑料地板可用拖布或抹布，按照顺序擦干净，拖布不能太湿，以防地面水渍过多，使人滑倒。

(5) 花岗岩地板。花岗岩地板吸水性较差，擦拭时拖布要拧干，地面水渍要擦干，以防人滑倒。如果地面沾有污物，可用尼龙刷沾上清洁剂或肥皂水用力多刷几下，然后擦干。切记不要用锐器刮地面污物，以免损坏地面光洁度。

(6) 地毯。地毯分纯毛地毯和化纤地毯。化纤地毯可以用潮湿的拖布或抹布直接拖擦，也可以将化纤地毯拿到室外，挂在绳上用清水直接冲洗干净，晾干后拿进居室；纯毛地毯平时用吸尘器吸去地面灰尘，也可以将地毯拿到居室外挂在绳上，先通过太阳晒，再用木棍轻轻敲打，将灰尘尽量除去。

三、墙壁清洁的基本方法

1. 明确清扫任务

家政服务员在进行清扫工作之前，一定要对将要清扫的墙面类型有所了解，如花岗石、玻璃、大理石、塑料壁纸与贴墙布、内墙涂料、木胶合板、铜合金装饰板等，因材施工。

2. 准备好清洁工具及用品

根据墙面类型及污染程度，准备好清洁工具及用品。一般有抹布、吸水毛巾、水桶、百洁布、喷壶、鸡毛掸、吸尘器、去污粉、洗洁净等。

3. 使用百洁布清洁墙壁

大面积的污垢，可用手掌将整块百洁布顶住来回推拉擦拭墙壁；清除顽固的污垢，可用手指顶住百洁布的局部擦拭，以增加百洁布与墙面的摩擦力；对于小块凹坑内的污垢或角落位置的污垢，则可将百洁布折叠，形成一个锥体，以其锥尖部分深入污垢处擦拭。百洁布擦拭中应一面擦拭，一面浸入清洁保养剂溶液中，吸取清洁剂；使用百洁布不应用力太大，以免使百洁布弹性纤维失去弹性，也容易损坏被清洁保养的墙壁表面。清洁保养工作完毕后，应将百洁布漂洗干净，以不拧干、自然滴水晾干为好。

4. 使用鸡毛掸清扫墙壁

鸡毛掸比较适合清除高处或立面的灰尘，其只能起到转移灰尘的作用。它可以将建筑物（如天花板、墙面及较难触及之处）的灰尘、污垢掸下来，再由其他清洁保养工具进行彻底清除。清扫墙壁灰尘时，应尽量贴着被清扫物的表面，以不使灰尘扬起；但要及时抖落黏附的灰尘，黏有灰尘的鸡毛掸不可用水清洗；发现鸡毛掸的羽毛脱落、仅剩羽毛梗时，应将其拔除，以免破坏建筑物装饰材料的表面；如果发现鸡毛掸顶部的羽毛脱落过多，露出扎柄的细竹竿时，鸡毛掸应废弃。

5. 墙壁清扫的顺序

清扫墙壁应从上到下，由边、角、凹陷处到中间、宽阔处；凹凸部位和难以清洁死角处应重点整理。最后用簸箕或水桶把污物清扫出去。清扫结束后要将清扫工具一一收起，清洗、晾干以备后用。

四、家具的保洁

家具一般包括木制品、皮制品、玻璃制品、布制品、金属制品、瓷制品、塑料制品以及字画等。

1. 木制品

（1）用干净的湿布擦。

（2）用干布擦干。

（3）打蜡（3个月1次）。

2. 皮制品

（1）将清洁剂直接倒在干布上，擦拭比较脏的地方。

（2）用干布擦干净。

（3）上皮衣光亮剂。

3. 玻璃制品

（1）用玻璃清洁剂和毛巾（软布）擦。

（2）用玻璃划水器把水刮干。

（3）用报纸把边缘水迹擦干。

特别提示：洗灯具时一定要关掉电源。

4. 布制品

（1）棉和化纤制品可以水洗。

（2）毛、麻干洗。

（3）最好按说明书清洗。

5. 金属制品

金属制品一般可用软布擦去灰尘，若是污垢较重，可用湿布蘸少量洗涤剂擦拭，如有锈迹，可用细砂纸轻轻磨去，再清洁。

6. 瓷制品

瓷制品可用潮湿布擦拭，小件可用水冲洗。

7. 塑料制品

塑料制品可用湿布擦拭、清水直接冲洗、洗涤剂清洁均可。

8. 字画

字画可以用吸尘器、鸡毛掸子等轻轻拂去表面灰尘。

特别提示：整理、清洁各种家具要轻拿轻放，以免损坏。

五、厨房的清洁

1. 餐具、炊具先用专用洗涤灵加水漂洗，再用清水冲洗。

2. 刀和案板用完后马上用水冲洗干净，再用干净布擦干，放好。

特别提示：使用刀和案板时先用水冲一下再用。

3. 先洗不带油的餐具，后洗带油的餐具；先洗碗筷，后洗锅盆。

4. 每次做饭后，要及时去污剂擦拭干净燃气灶和油烟机，如果积累的油腻太多，就不容易清洗。

5. 锅具使用完后应立即清洗正面、反面，再放置炉上用火烘干，彻底去除水气。

六、卫生间的清洁

1. 不要将剩余的饭菜倒进马桶，以免阻塞管道。

2. 要经常清理地漏和下水口，以免被头发、杂物堵塞。

3. 可利用淋浴喷头来清洁不同的部位如地面、墙面等，然后擦洗干净。

4. 清除马桶内的污垢时，可把安全漂白水倒在尼龙刷上，然后刷洗，几分钟后，再一面冲水一面刷。若污迹仍未去除，可以将安全漂白水倒在污垢面上，并停留时间长些再冲洗。

5. 清洗面盆、浴缸时，可用去污粉加少许水擦洗，不要用铁丝等硬物擦拭，以免损坏陶瓷的珐琅质。

6. 在卫生间窗口放一盆绿色植物，以调节里面的空气，另外，还要经常打开窗户或通风扇使卫生间保持通风。

特别提示： 卫生间的墙面、地面一定要擦干，以免滋生细菌、霉菌。

七、厨房用具的清洁

1. 燃气灶具

（1）使用燃气灶具应随用随擦，溢出的汤汁要及时用抹布擦净。

（2）做饭时可将旧报纸铺在灶前地上，饭做好后，随手把报纸拿起并攥成团，用来擦拭灶上的油点或汤汁。

（3）燃气灶具的油垢可用肥皂水或漂白粉溶液清洁擦洗。

（4）将专用的强力去污剂喷洒在灶具上，稍等片刻用干抹布擦净。

（5）铸铁液化气灶具，如有铁锈或较多的油垢，可先用铁刷刷洗，然后喷上洗涤剂，再用清水刷洗干净。

2. 炒锅

炒完菜的油锅要趁热用水刷洗，并做到内外都清洗。

3. 碗橱

（1）要经常擦拭，保持洁净，定期更换隔层上的垫纸。

（2）要经常通风，并放置花椒粒防虫。

4. 篮、筐的清洗

篮、筐的网眼易积存油垢和泥土，可用旧牙刷蘸醋或洗涤剂刷洗。

第四节 清洗衣物

一、常见洗涤用品的性能与用途

(一) 衣物洗涤用品的类别

目前市场上开发出的衣物洗涤品种类繁多，但大致包括洗衣粉、肥皂、洗涤剂、去污剂、衣物柔顺剂等。不同纤维材质的衣物由于其性能不同，使用的洗涤用品亦有区别。

(二) 常见衣物洗涤剂的性能

1. 肥皂的性能

肥皂呈碱性，固体，有块状、粉末状之分。块状的即为普通的肥皂，粉末状的为肥皂粉。肥皂去污力强，泡沫少，适宜洗涤棉、麻等衣物。

2. 洗衣粉的性能

洗衣粉分为碱性的、中性的多种，并且逐渐由普通型向特殊用途和专用化发展，固体，呈粉末状，具有肥皂所不具备的很多优点，是理想的洗涤剂。目前市场上洗衣粉的品种很多，从泡沫是否丰富的角度讲，分为高泡洗衣粉、中泡洗衣粉、低泡洗衣粉；从所含的化学成分角度划分，分为加酶洗衣粉、无磷洗衣粉和含增白剂或荧光剂、漂白剂的洗衣粉等。

高泡洗衣粉去污力强，更适合手工洗涤衣物；中泡和低泡洗衣粉，泡沫较少，容易漂洗干净，适宜机洗；加酶洗衣粉洗涤各种污渍、油渍效果好，机洗、手洗均可；无磷洗衣粉去除了对环境产生污染的有害成分，是一种环保型的洗涤剂，手洗、机洗均可；含增白剂或荧光剂、漂白剂的洗衣粉洗涤浅色衣物效果好，手洗、机洗均可。

3. 洗涤剂的性能

洗涤剂是一种液体洗涤用品，分为普通洗涤剂（通用）和特殊用途的洗涤剂，如衣领洗涤剂、羊毛衫洗涤剂等，用于洗涤衣服的特殊部位和丝毛等精细类的衣物。这类洗涤剂使用方法简单，易于溶解，只要其溶液不混浊、不分层、无沉淀，就和洗衣粉的作用一样。可手洗、机洗。

二、洗涤方法

不同类型的服装在洗涤方面有不同的要求。

（一）棉类服装的洗涤

棉类服装可用各种肥皂和洗衣粉等洗涤用品洗涤，既可手洗也可机洗，一般洗涤温度在50℃，不宜用沸水或浸泡过久，否则棉布会有不同程度的掉色。机洗时，洗涤液的温度要根据棉织物的特点和适应程度来选择，最好用冷水来洗。洗涤后棉类服装在日光下晾晒，应将反面朝外，并避免曝晒，以免织物掉色。

（二）麻类服装的洗涤

麻类服装洗涤用品的选择及晾晒方法与棉类服装大致相同。麻类服装洗涤温度应低于40℃或用冷水洗涤。由于麻纤维刚硬，抱合力较差，故在洗涤麻布服装时应比棉布服装要轻软些，既不能猛力揉搓或用硬刷刷洗，也不能用力拧绞，以免布面起球，刺痒皮肤，影响外观与使用寿命。

（三）毛类服装的洗涤

毛类服装以干洗最佳，也可手洗，洗涤时应选用肥皂或中性洗涤剂，也可用羊毛专用洗涤剂，温度不得超过40℃；否则会破坏毛分子结构，产生缩绒，影响手感和弹性。手洗时一般用挤压和刷洗，时间不宜过长，也不要用力猛搓洗或用硬刷刷洗。机洗时应适当地调节水温，把衣物装进洗衣袋后进行机洗，但尽量避免用洗衣机脱水，需要使用时也应以30秒到1分种为限。洗涤后不要用力拧绞，可用手挤去水分，趁湿整形，平摊或折半挂放在阴凉通风处进行晾干，避免强光曝晒，以免出现收缩，破坏毛的分子结构。

（四）丝类服装的洗涤

丝类服装应选中性、高级的洗衣粉或洗涤剂洗涤，既可手洗也可机洗。应在冷水或温水中进行洗涤，不宜时间过长浸泡，最好随浸随洗。手洗时应用轻柔搓洗法，不宜用硬板刷刷洗，也不宜用硬板搓洗，清洗后不宜拧绞，轻挤水分后，用衣架挂于阴凉通风处晾干，切忌曝晒，以免坚牢度降低，色泽、手感变劣。

（五）化纤服装的洗涤

一般化学纤维织品易吸尘，因此要勤洗勤换，否则脏物不容易洗净。洗涤化纤织品时，应根据不同品种，采用不同的洗涤方法。

洗涤比较薄的化纤织品时，应轻轻揉搓，不能猛搓。洗涤比较厚的化纤织品（如华达呢等）时，应用软毛刷轻刷，对于比较脏的部位可先用洗衣粉或肥皂进行刷洗，但在刷洗前应先用清水浸泡揉搓一次。

薄的化纤织品，如人造丝被面、人造丝绸等，宜干洗不宜水洗，否则可能缩水走样。洗涤用品以低碱性肥皂或弱碱性洗衣粉为好。洗涤水温以 30~40℃ 为宜。浸泡 15 分钟，浸泡时间过长，洗液中的污物又会浸入纤维。

（六）粘胶织品（纯纺、混纺、交织品）

粘胶织品下水后，其强力为干时的 50% 左右。

（七）锦纶织品

纯锦纶和混纺锦纶织品在洗涤时应注意洗液温度，一般在 45℃ 以下为宜。因为锦纶纤维耐热性较差，洗液太热时织品易走样。这种织品耐碱性好，所以洗衣粉或肥皂均可使用。但锦纶与羊毛混纺品不能用此方法洗涤，因为羊毛怕碱，在碱性液中易缩绒，应按洗涤粘胶织品的方法洗涤。

锦纶织品虽强力高，耐磨性好，但洗涤时也不宜猛搓，否则可能出现小毛球。对浅色织品洗后应多冲几次，不然日久容易泛黄。织品洗后应放在通风处进行阴干，不宜在阳光下曝晒，以免减弱牢度。

（八）腈纶织品

腈纶织品洗涤时水温以40℃为宜，洗法与锦纶相似，其混纺织品多为与羊毛、粘胶的混纺，所以应根据羊毛、粘胶特性进行洗涤。

（九）涤纶织品

涤纶织品的耐酸碱性、耐热性好，所以肥皂或洗衣粉均可使用。水温可达60℃，洗法与腈纶相同，也可按棉布的洗法洗涤。混纺织品可根据纤维性质按混纺纤维的特性洗涤。

（十）维纶织品

维纶织品耐热性差，一般在热水、热碱液中易收缩变形，因此水温不宜超过30℃。维纶多与棉、粘混纺，所以洗法与粘胶织品相同。

（十一）羽绒服装的洗涤

洗涤羽绒服一忌碱性物，二忌用洗衣机搅动或用手揉搓，三忌拧绞，四忌明火烘烤。如果羽绒服不太脏，可采用干洗法。用毛巾蘸汽油在领口、袖口、前襟等处轻轻揩拭，油污去除后，再用干毛巾揩拭沾有汽油处，待汽油挥发干净后即可穿用。如果羽绒服太脏，只有采用整体水洗法。先将羽绒服在冷水中浸泡20分钟。将2汤匙左右的洗衣粉倒入水温为20~30℃的清水中搅匀，然后放入从冷水中捞出并挤去水分的羽绒服，浸泡5~10分钟。将羽绒服从洗涤液中取出，平铺在干净台板上，用软毛刷蘸洗涤液从里至外轻轻刷洗。刷洗干净后，将衣服放在洗涤液中拎涮几下，然后在温水中漂洗2次后，再放入清水中漂洗3次，以彻底除去洗涤剂残液。将漂洗干净的羽绒服用干浴巾包卷后轻轻吸出水分，然后放在阳光下或通风处晾干。干透后用小棍轻轻拍打衣面，使羽绒服恢复原有的蓬松柔软即可。

（十二）毛皮、皮革服装的洗涤

不同类型的皮革、毛皮服装适宜用不同的方法洗涤。

1. 毛皮服装的洗涤

毛皮服装价格比较昂贵，最好送洗衣店洗涤。如要自己洗涤，也只能干洗，方法如下：洗前仔细检查皮板，如有破损处先将其缝好。再用刷子蘸酒精或汽油将毛绒顺序均匀地刷洗。然后用黄米面（黄米用水泡一昼夜，捞出碾碎，少加点水使其潮湿）撒在毛面上，将其均匀揉入毛内。拨动毛绒达到毛面均干。抖动衣服使黄米面脱落，再在弱阳光下晾晒。全干后，抖净黄米粉即可。

2. 皮革服装的洗涤

皮革服装的洗涤分水洗和干洗两种。水洗方法：先将衣服在冷水中浸泡1~2分钟，再放到30~40℃的中性洗涤剂中浸泡1~2分钟。浸泡时应将衣物上下反复提起，使衣服上洗涤剂均匀。然后将衣服放在平板上，用刷子在领子、袖口、口袋等易脏处和自然折痕处轻刷。刷净后再放在原洗涤剂中，上下提起多次后轻轻拧干，再用温水清洗。洗净后用毛巾或浴巾包起来拧干，在通风处阴干。待衣服八成干时，轻揉自然折痕处和发硬处，使其变软。还可用手拉一拉，尽量使衣服保持原样。然后把衣服放在平板上，用软刷顺毛刷起绒毛，晾干即可。

干洗方法：先用干净湿布擦去皮革表面污物，然后在油污处滴上几滴由氨水、酒精和水混合配制的去油污，再用湿布擦洗，洗净后涂上同色鞋油即可。

第五节 正确使用家用电器

一、电冰箱的使用

1. 热的食物不要放入运转的电冰箱内。

2. 存放食物不宜过满、过紧，要留有空隙，以便于冷空气对流，减轻制冷系统的负荷，延长其使用寿命，节约用电。

3. 在使用冰箱时要特别注意，剩饭剩菜最好放在有盖的容器中，蒸煮消毒放冷后存入冰箱。生熟食要分开存放，彼此隔离。从冰箱中取出的熟食要经加热或微波消毒后再食用。

4. 正确调节冰箱温度。要根据季节调节需要的温度，做到既保鲜食物又省电。

5. 食品的存放。冷藏室可以放牛奶、鲜肉、蔬菜、水果、鸡蛋等，冷冻室可以存放雪糕、冻肉、冻鱼等。生熟要分开，蔬果要洗净，鱼、肉、贝类要用塑料袋包装后放入。存放的食品之间、食品与箱壁之间应保持一定距离，以保持冷气流通。

二、电饭锅的使用

1. 在使用电饭锅时，一定要将内锅的外表面擦干，且外锅也不能有水，防止因水造成电路短路。

2. 在内锅中放入待煮的食物，加入适量的水。

3. 将锅盖好，安排好适当的程序，再插上电源。

4. 食物煮好后电饭锅自动切换到保温状态，几分钟后可拔去电源。

三、微波炉的使用

1. 微波炉要放置在通风的地方，附近不要有磁性物质，以免干扰炉腔内磁场的均匀状态，使工作效率下降。

2. 不可使微波炉空载运行。

3. 必须使用微波炉专用容器加工食物，不可使用金属餐具、竹器、塑料、漆器等不耐热的容器。

4. 微波炉的加热时间不仅要视材料及用量而定，而且和食物的新鲜程度、含水量有关。应以较短时间为宜，加热后可视食物的生熟程度追加加热时间。

5. 带壳的鸡蛋、带密封包装的食品不能直接加热，以免爆炸。

6. 微波炉关掉后，不宜立即取出食物，应过1分钟后再取出为好。

7. 保持炉内清洁。在断开电源后，可用湿布与中性洗涤剂擦拭微波炉，千万不能让水流入炉内。

四、正确使用吸尘器

1. 按说明书将吸尘器及附件安装好。
2. 使用前先检查尘袋是否干净。
3. 连续使用时间不能超过 1 小时,以免烧坏电动机。
4. 不能吸泥浆、燃烧的烟头、金属碎屑。
5. 清灰后的集尘袋应洗涤干净,晾干后备用。
6. 将吸尘器及附件用湿布擦拭干净,晾干。
7. 清除刷上杂物,若刷子磨损掉毛,应更换新刷。
8. 使用过程中如发现声音异常,应关机检查。
9. 发现吸力下降,应检查原因并采取相应的措施。
10. 吸尘器电动机有故障时,应送维修点检修。

五、电视机使用注意事项

1. 预防触电。新买来的电视机接通电源后应先用试电笔检查开关、按键、底板、天线等暴露部分是否带电,如带电则要及时检修。
2. 电视机亮度不宜过大,以保护显像管,避免其提前老化。
3. 开关机不要过于频繁,以免通过显像管灯丝的电流急剧变化,对其造成损坏。如要在看电视的过程中暂时离开,可以将亮度关至最小,不必关电源。
4. 调节电视机的各个旋钮时应当轻缓,不可用力过猛,否则易使调节器件损坏。
5. 注意保护眼睛。不要长时间盯着电视,否则容易患上近视(特别是少年儿童)。一般看半个小时左右就应该稍微休息一下,在室内活动或是闭目养一会儿神,也可做做眼保健操。屏幕不可太亮或太暗,晚上看电视最好在侧面开一个带罩子的灯,使环境亮度和屏幕亮度达到平衡。
6. 电视机工作时会产生一些射线,所以看电视的时候不要离得太近。
7. 看完电视要注意将电源拔掉。

第三章　照料婴幼儿

第一节　婴幼儿饮食

一、婴幼儿饮食的特点

1. 婴幼儿的饮食应细、软、烂、小、巧，注意培养和锻炼幼儿的咀嚼能力，尤其是 2 岁前的婴儿，更应如此。

2. 最好现吃现做，尽量使食物中的各种营养素不受损失。

3. 以乳类作为主要食品，补充其他一些食品以弥补乳类食品中所欠缺的营养成分。

4. 婴幼儿的饮食要从流食到半流食，从软食过渡到固体食物，锻炼婴幼儿咀嚼和吞咽固体食物的能力。

5. 当婴幼儿长到 1 岁以后，其饮食有主食与副食的区分。主食主要以各种谷类做的饭为主，副食则是各种荤菜、素菜。

6. 在婴幼儿 1 岁左右，要以吃好、吃杂为原则，不要让婴幼儿的食谱太窄，也不能过于讲究。这样既可保证足够的营养，又能从小培养婴幼儿不挑食、不偏食的好习惯。

二、调配奶粉

1. 调配奶粉前，要做好准备工作

包括洗净双手、备好奶粉及调配用具。调配奶粉的用具一般有奶瓶（奶嘴、瓶盖）、取奶粉用勺、调配用杯（先将奶粉在专门的调配杯中调好，再倒入奶瓶中）、凉白开水、热水等。

2. 调配奶粉时，要严格按要求进行

不同年龄婴幼儿所需奶量不同，不同品牌奶粉调配方法不同，雇主的具体要求也不同。正确调配奶粉的前提是知道调配的基本方法，这可通过询问雇主获得，但仔细阅读奶粉包装上的说明也是必不可少的。一般奶粉包装袋或包装盒上都有关于如何调配奶粉的文字或简图说明，如"食用方法""用量参考表"等，应仔细阅读并掌握以下关键内容：

（1）次序。是先放奶粉还是先倒水。

（2）温度。用多少度的水温进行调配。

（3）用量。用多少勺奶粉调配出多少量的奶（一般奶瓶上都有刻度表示奶量）。最好是将阅读调配说明与理解雇主的具体要求结合起来，以确保真正弄清调配的基本方法。

3. 奶粉调配后，要做好整理收藏工作

奶粉调配好后，要及时盖好奶粉盒盖或扎好袋口，放在避光的地方或冰箱内收藏，然后把调配用具清洗干净（需要消毒的要及时消毒）。

三、给婴幼儿喂奶

1. 奶水的温度要适宜。

2. 流速适中，以每秒几滴为宜。

3. 取合适的喝奶位置，成人取坐位，孩子半坐位，头枕在成人肘窝。

4. 孩子喝奶时，奶瓶与孩子的脸呈直角，嘴中始终应该充满奶，不能有空气。

5. 喝完奶，将孩子竖起来，轻轻拍其背部，使其打嗝，排出空气。

四、奶具消毒

1. 煮沸消毒。将奶具完全浸没于水中，煮沸15分钟，注意奶嘴只能煮5分钟。

2. 蒸汽消毒。将奶具放在蒸锅里蒸20~30分钟。

3. 消毒后的奶具要放在固定的地方，保证干净、卫生，不被污染。

五、给婴幼儿喂水

婴幼儿在 6 个月前可用奶瓶喂水，6 个月后就可以引导其用杯子喝水。开始时最好用有引水口的杯子，慢慢地再用普通的杯子。可先由成人拿着杯子，一点一点地喂进。大约到 10 个月时，可慢慢练习让婴幼儿自己拿杯喝水。

六、给婴幼儿喂饭

1. 选择固定的喂饭地点坐好。
2. 围上围嘴，轻轻缓慢喂食。
3. 喂饭时一定要耐心细致，不要催促孩子。

特别提示：

创造良好的进餐环境，不要在孩子哭时或哭后就马上吃饭，也不要在孩子吃饭时批评或责备孩子，否则会影响婴幼儿食欲以及对食物的消化吸收。

孩子吃饭时，不要逗引孩子发笑，不能将勺送到嘴里太深，不能在孩子一口没咽下时又喂一口，否则容易呛着、噎着。

第二节　婴幼儿起居及活动

一、婴幼儿的洗澡和日常盥洗的方法

为婴幼儿洗澡和进行日常盥洗可保持婴幼儿皮肤清洁卫生，使其适应水的刺激，为今后养成良好的生活卫生习惯打下基础。

（一）洗澡

一般 6 个月内的婴幼儿应该每天洗澡，6 个月以后隔天洗一次。给婴幼儿洗澡时应先给婴幼儿脱掉衣服，用大毛巾（浴巾）裹好，然后按洗脸、洗头、洗身体等步骤进行。

1. 洗脸

用左手掌托住孩子的头和颈，用左手臂支撑婴幼儿的背部。婴幼儿脸向上，双腿塞在成人的腋窝下，用右手拿小毛巾洗脸。一般是先擤净鼻子，再洗手，然后依次洗净眼睛、嘴巴、耳朵、

最后再一起将脸洗干净。

2. 洗头

用拇指和中指捏住婴幼儿的双耳，然后用温和无刺激的婴幼儿洗发液洗头，洗净后用毛巾擦干。

3. 洗身体

用左前臂托住婴幼儿的双肩，左手搂住婴幼儿的肩和腋窝；用右臂搂住婴幼儿的双腿，右手抓住婴幼儿一侧的臀部。轻轻地将婴幼儿放入水中，头部和双肩露出水面。先洗前身、后身，再洗下身。注意要让婴幼儿俯卧在成人的右前臂上，右手抓住肩部，用左手给婴幼儿洗背部。

4. 洗臀部

给婴幼儿清洗臀部时应男女有别：给女婴洗臀部时要注意先洗净小便部位，再洗大便部位，洗完后一定要擦干再穿裤子。

5. 擦干身体

洗完澡，迅速将婴幼儿放在浴巾上，轻拍全身将水吸干。不要用力抹擦，以免伤及婴幼儿娇嫩的皮肤。在皮肤的皱褶处可适当抹些爽身粉，以保持局部皮肤干燥。

（二）日常盥洗

婴幼儿的皮肤薄嫩，保护功能较差，容易受损伤和感染。所以，必须注意经常保持其身体各部位皮肤的清洁。另外，婴幼儿皮肤的散热和保温功能都不及成人，可以说是既怕冷又怕热，所以既应注意不使婴幼儿所处环境的温度过高或过低，也要注意随时根据气候的变化给婴幼儿增减衣服。由于婴幼儿的皮肤薄嫩，渗透作用强，所以一些农药、酒精等可经过皮肤渗入体内引起中毒。因此，要注意避免婴幼儿接触到有毒物品。

给婴幼儿洗手，先用清水浸湿双手，再擦肥皂，将手指（缝）、指甲缝、手心、手背反复搓洗。给婴幼儿洗脸、洗头，可参见前述。

(三) 给婴幼儿洗澡和日常盥洗时应注意事项

1. 做好清洗前的准备工作。准备工作包括准备清洗用具与用品、干净衣物、尿布、冷热水等，并将水温调到 37~38℃，即将胳膊肘或手腕放到水里试，不凉不烫即可。

2. 决不能让婴幼儿单独留在浴缸里。在浴缸里要坐稳，如果孩子开始上下跳动，应坚决让他坐好，不然很容易跌倒在水中，严重的会使婴幼儿在一段时间内拒绝洗澡。

3. 婴幼儿在浴缸里，应用绒布或毛巾把热水龙头包起来，不要放太多的热水，以免烫伤。

4. 任何清洗工作完成后，都要及时把清洗用具拿走放好，将清洗现场打扫干净后，再去洗涤更换下的衣物。

5. 洗完澡，把婴幼儿从浴缸抱起来的时候，一定要做到腰挺直，双股用劲。

二、照料婴幼儿大小便

照料大小便可以说是看护婴幼儿工作中"任务最艰巨"的一项工作。照料得好，婴幼儿舒服，家政服务员工作有序；照料得不好，婴幼儿不能养成良好习惯，家政服务员的各项工作也会杂乱无章，异常辛苦。所以应注意掌握照料婴幼儿大小便的基本方法。

(一) 掌握婴幼儿大小便的规律

1. 婴幼儿大小便的基本状况。如每日大致的次数、时间、颜色、气味与基本形状等。

2. 婴幼儿大小便前的信号。如突然停下正在做的事情发愣、哭喊、不停地打嗝等。小便的信号没有大便的明显，有的婴幼儿可能会眼睛呆滞、身子乱动，稍大一些的孩子能发出"嘘嘘"声。这些信号需要悉心观察、仔细辨别才能确定。

(二) 适时开始把便

从婴幼儿出生 2~3 个月后就可开始把尿。一般在孩子睡醒后而尿布未湿时，喂奶、喂水 10 分钟后，或上次排尿 1 个半小时左右都可以进行，同时发出"嘘嘘"的声音；另外，从 5~6 个月开始可在婴幼儿喝完奶后把便或让孩子坐盆，同时发出"嗯嗯"的声音。这样天天坚持、反复进行，就可逐步使婴幼儿形成定时排便的习惯。

（三）及时更换尿布并清洁臀部

一旦发现婴幼儿大小便后要及时更换尿布，否则容易患尿布疹等疾病。另外，婴幼儿每次大便后都要及时清洗臀部。

三、婴幼儿的活动

（一）活动原则

1. 选择安全的活动场所。

2. 玩安全的玩具。

3. 提高安全意识，防患于未然。

（二）室内活动

1. 婴幼儿床应该有护栏。如果没有护栏，孩子在上面活动时，看护人不得离开。

2. 应该收起插座、电线、电扇、电加热器等电器，并采取保护措施。

3. 不要让婴幼儿到厨房去，暖壶不要放在地上，以免烫伤婴儿。

4. 家具的边角应包海绵或厚布，以免婴幼儿被碰伤。

（三）户外活动

1. 可先打开窗户，让婴幼儿在室内接触一下较冷的空气，无不良反应时，即可到户外。

2. 户外活动的次数和时间应当循序渐进，开始时每天 1 次，适应后可增加至每天 2~3 次，每次从几分钟开始，以后可增加到 1~2 个小时。

3. 婴幼儿进行户外活动的时间还应根据季节变化、气温的高低、婴幼儿适应的情况作相应的调整。夏季可在上午 10 点前、下午 4 点后，在户外阴凉处睡眠和玩耍。冬季可在上午 9 点后到下午3点前进行户外活动。

4. 婴幼儿患病时，抵抗力下降，应暂停户外活动。

四、婴幼儿常见异常情况的发现与应对

1. 啼哭异常

正常情况下孩子的哭声是清脆、响亮、悦耳的，当其愿望获得满足时就会破涕为笑。若孩子哭个不停，无论给他吃奶、喝水、吃糖，仍是啼哭不止，情绪一反往常，则说明孩子已发生异常或不适，应该密切观察，并将情况报告给孩子的父母或亲人，必要时应立即看医生。

2. 精神状态异常

健康的婴幼儿均有好动的习惯，且精神饱满，当他吃饱时便会手舞足蹈。若孩子一旦出现表情淡漠、不喜言笑、不爱睁眼睛，吃饱后逗他反应迟缓或无反应等精神不振的表现，便要提高警惕，并将情况报告给孩子的父母或亲人，并立即就医。

3. 食欲异常

当发现孩子突然改变了原有的饮食习惯或饮食兴趣，并伴有哭闹。可能是孩子已患病，但尚未表现出明显的症状，应密切观察，并且要将情况报告给孩子的父母或亲人，并立即就医。

4. 睡眠异常

初生婴儿每日需睡15小时以上，12个月至2岁的孩子每日需睡13小时左右。3岁至6岁的孩子一般每日需睡12小时左右。如果发现孩子的睡眠时间减少，夜间睡得不安稳，经常翻身且容易惊醒，如没有引起他不睡觉的因素，就应该将情况报告给孩子的父母或亲人，必要时应立即就医。

5. 便溺异常

平时婴儿小便较多，颜色淡黄且清澈。一般情况下，婴儿每日大便3次左右，如果孩子出现大便次数减少，或大便次数明显增多，且有黏液相混，则说明孩子可能已经生病，应立即报告孩了的父母,并请医生诊治。

6. 呼吸异常

如果孩子出现呼吸急促、呼吸深重或困难,甚至面色青紫、口唇发紫、手脚冰凉,多表明孩子在发热或患有呼吸系统、心血管系统疾病或呼吸道有异物,在密切观察的同时,要立即将情况报告孩子的父母,并立即看医生。

第四章　陪护老年人

家政服务员应掌握老年人饮食的基本特点，合理引导老年人科学进食，以提高老年人生活质量，保证老年人健康长寿。

第一节　老年人饮食

一、老年人的营养需求特点

1. 热量适当

老年人的基础代谢和物质代谢功能比较低，体力活动比较少，所以饮食中热量应适当减少。如果热量的摄入大于消耗，势必引起单纯的肥胖。一般而言，只要食欲得到满足，且体重维持不变，即说明膳食热量的供给是适当的。在普通的食品中，米和面所产生的热量较大，因此应尽量少吃米和面，多吃些产生热量较少的副食品，还可以多吃些粗粮。

2. 蛋白质摄入满足需要

由于老年人是以分解代谢为主，需要较为丰富的蛋白质补充组织蛋白的消耗，饮食中的蛋白质对老年人尤为重要。但是，并不是蛋白质越多越好，过多地摄入蛋白质反而会加重消化器官和肾脏的负担，增加胆固醇的合成。老年人膳食中的蛋白质最好有一半来自于乳、蛋、鱼、豆、肝及其制品。

3. 铁钙含量丰富

铁是血红蛋白的重要组成部分，为了弥补老年人循环机能较差的弱点，应使老年人血液中有较多的血红蛋白。所以，应多食蛋、肝、肾、绿色蔬菜、海带、木耳等含铁量较高的食品。老年人最易缺钙，老年人若缺钙，易患骨质疏松。为防止缺钙，老年人每天应多食奶、虾、大豆、芝麻酱、骨头汤及其制品。

4. 适当摄入脂肪食品

老年人饮食中不能有大量的脂肪，但也不能过分限制。因为脂肪摄入过少，不利于脂溶性维生素的吸收。应强调的是，吃植物油比吃动物油更好，这样有利于保护心血管系统，特别是患有高血压、冠心病的患者更应注意。

二、老年人饮食的基本要求

老年人易患高血压、糖尿病和高血脂等疾病，家政服务员在制作食品时应注意以下4点。

1. 饮食宜清淡

果蔬素食品味淡，老年人宜常食之；肉类食品甘肥味浓，宜避食之。食物不宜过咸或过甜，过咸会导致血压增高，也使心脏和肾脏负担加重；过甜和多食甜品，易导致糖尿病，并可导致肥胖和高血脂。

2. 早餐不可少，晚餐应备早

老年人要少食多餐，故早餐必不可少；晚餐进食宜早，不可食后就入睡，以防消化不良。

3. 适量进食，减少含热量

老年人活动量相对较少，基础代谢能力也较低，热量需求减少，加上老年人胃肠消化、吸收功能较差，多食不易消化，故老年人不宜吃过饱，一般约八成饱便可。如确需增加营养，亦应少食多餐，忌暴饮暴食。

4. 食品宜熟、烂、软和热

老年人胃肠功能较弱，坚硬食物难以消化吸收。故老年人吃的食物要熟、烂、软。老年人多胃寒，饮食要温和，应少食生冷食品，以避免患肠炎、腹泻。

三、老年人饮食的原则

1. 食物要全面

保持多样化，不要偏食，五谷杂粮、畜禽蛋乳、水陆蔬菜、干鲜果品等都要吃。

2. 饮食宜清淡

谷类、果菜类和肉类适当搭配,既可满足各种营养素的供应,又可保持大便通畅。

3. 饮食有节

老年人的肠、胃适应能力较差,应避免暴饮暴食。

4. 饭菜宜软、烂

老年人因牙齿磨损、松动或脱落,咀嚼能力降低,各种消化酶分泌减少,消化能力差,因此应该把食物切碎煮烂。

5. 少食多餐

在睡前、起床后或两餐间老年人可适当吃少许食物作为点心。一般每日可安排五餐,每餐的量不宜太多,餐间不要吃零食,特别是甜食。

6. 温度适宜

老年人不宜吃过热的食物,也不宜吃过冷的食物,否则容易损伤胃气。

7. 食物新鲜

对于已变质的鱼肉食品、已腐烂的水果、隔夜的剩饭菜等,老年人都不宜食用。

8. 多吃水果、蔬菜

老年人应多吃新鲜水果和蔬菜,以保证维生素和矿物质的供给。

9. 水分要充足

给老年人常做些汤、羹、菜泥之类的食物,既补充水分,又有利于消化。

10. 少吃辛辣食物

虽然辛辣的食物能引起食欲,但是老年人吃多了,容易出现口干舌燥、火气大、睡不着,所以少吃为宜。

四、老年人的饮食加工

老年人的饮食要特别注意营养搭配,要尽量减少和避免因食品的加工不当而造成的营养损失。

1. 米饭

(1)淘洗次数不宜过多,淘米水温不宜过高。

(2)煮粥宜温。煮粥时,水开后宜用小火煮,并且要加盖,以防营养素随蒸汽流失。

2. 面食

(1)吃汤面比吃捞面好,可以避免各种营养素损失。

(2)为减少损失,可在吃完捞面后喝些面汤。

3. 蔬菜

蔬菜中含有丰富的营养素,清洗和烹调方法不当,会造成许多营养素流失。

(1)蔬菜一定要先整洗再切,千万不要切后泡洗,否则会使大量水溶性维生素流失。

(2)能带皮吃的瓜果不要去皮,应洗净后再吃,因为皮内含有丰富的维生素C,如黄瓜、番茄、南瓜、萝卜等。

(3)蔬菜尽量鲜吃,风吹日晒都会破坏其中的营养素。

(4)菜以炒为佳,因为受热时间越短,营养素损失越少。如果煮或炖,应加盖,且时间不宜太长。

(5)炒菜或烧汤时可适当加点醋或淀粉,这样不仅能调味,还可维护菜里的维生素C。

第二节 老年人起居

一、老年人的衣食住行相关问题

老年人的保健护理与其平时的衣、食、住、行是紧密相连的。因此,家政服务员要对老年人的衣、食、住、行的特点有所了解。

1. 衣

衣服合体对老年人很重要。冬天要着柔软轻巧的暗颜色衣服，夏天要着淡颜色的衣服，随气候变化增减衣服。同时，老年人脚弓足弓缺乏弹性，应穿轻巧、灵便、弹性好的鞋子。

2. 食

"民以五谷为食"，五谷杂粮是真正的长寿食品。老年人应多吃五谷杂粮，多吃素食，少吃动物脂肪类食品；每天要吃足量的蛋白质，保证足够的热量供给；要少吃甜食，多吃含维生素多的水果蔬菜；每顿饭不宜吃得过饱，最好不要饮酒。

3. 住

合理的生活规律对健康至关重要。老年人要起居有恒，要有节奏地工作、学习、休息，保持劳逸结合。保证每天睡眠充足，早起早睡，保持精神旺盛。

4. 行

"生命在于运动"，保证一定的体育活动是长寿必需的。体育活动能促进人体新陈代谢，增加对疾病的抵抗力，延缓衰老过程，这是任何药物都代替不了的。对老年人来说，较为适宜的体育活动是散步、慢跑、体操、太极拳和练气功等。

除衣、食、住、行之外，老年人要延年益寿，必须要保持胸襟开阔、心情舒畅、精神愉快。

二、老年人起居特点与安全护理

（一）老年人的起居特点

老年人的起居特点是行动迟缓、慌张、反应迟钝、注意力不易集中，易发生事故。另外，由于老年人大脑皮质抑制过程减弱，有许多老年人存在夜眠困难或睡后易醒的情况。

（二）老年人的安全护理

1. 居家老年人的安全护理

要照料好老年人的居家生活应注意如下几类事宜。

（1）老年人的消化吸收功能降低，牙齿脱落或装有假牙，所以老年人的食物要烂、软、碎，易于消化吸收；同时，由于老年人的咽喉部反应不灵敏，容易噎食，故应提醒老年人缓慢进食，以避免食物进入气管。

（2）老年人的衣着应宽松柔软，穿脱应方便；随着天气的变化应及时增减着装，并应协助老年人穿脱衣物。老年人衣服要做到勤洗、勤换。

（3）老年人行动比较缓慢，反应比较迟钝，常易发生摔伤、骨折等损伤，因此当老年人活动时应在其左右陪护，行走时应适当搀扶。

（4）有些老年人常有便秘、大小便失禁、尿频、尿急等现象，而大小便不畅易引起血压升高、心脏负荷增加，因此，一定要让老年人养成定时大小便的习惯。

（5）老年人活动减少，故常有四肢无力和肌肉萎缩等状况，因此要坚持让老年人早睡早起，并适当进行体育锻炼，如散步、慢跑、做保健操、打太极拳、练气功等。

（6）要保证老年人有充足的睡眠。老年人由于身体的机能衰退，疲劳后恢复较慢，故应多些睡眠。一般情况下，60～70岁的老年人每天宜睡9小时左右；70～80岁的老年人每天应睡10小时左右；80岁以上的老年人每天应睡11小时以上。

2. 老年人外出的安全护理

身体健康的老年人，经常到户外活动，如串亲访友、结伴旅游，都是有益于身心健康的。老年人外出前要掌握当日的天气情况，并根据天气情况准备必要的物品，同时要合理安排外出的时间，避免时间太长，以防疲劳。一般情况下，雨雪天、雾天、大风寒冷天气，以及炎热天气是不宜外出的。如事先有约，无法改变时间，应先做好充分的准备，切勿匆忙外出，埋下不安全隐患。如老年人有心脑血管疾病，独自外出时应带上心脏病保健药盒和相关的药物，外出路上要注意交通安全，行走不宜过急，以免忙中出错。家政服务员若陪同老年人外出，应依老年人的心态与其闲谈，使其心情舒畅；老年人若有心事，应设法为其解忧，分散其注意力。

3. 老年人就诊常识

人到老年，身体各脏器功能均有所下降，躯体方面或轻或重多伴有一些慢性病，有的已经被发现，但也有许多潜在的疾病未被发现。所以应定期进行体格检查。

老年人到医院看病，首先要备好病历本、医疗证或保健卡或合同医院的挂号证，以及足够的钱。复查时应备好以往的检查报告单及各种X光片。心脑血管病患者还应带上心脏病保健药盒及相关的药物，以防不测。出门前应根据季节变化穿戴好，必要时戴口罩，以防止传染病。行走要稳，切勿匆忙，过马路要左右看看，确定安全后再通过。乘车时要坐（站、扶）稳，以防紧急刹车时磕碰。家政服务员若跟随老年人，要注意妥善照护，注意行笑 线及沿途标志和方向，以免迷路。到医院后，先安排老年人坐稳休息，再去为老年人挂号；就诊时如需要可协助老年人诉说病情，告知医生老年人近日的饮食、睡眠、用药等情况，注意记忆医嘱。诊治完毕，先让老年人坐好休息，再去划价、交费和取药，若需要住院或医生有一些特殊情况的医嘱，应尽快通知其家人。

4. 老年人洗澡与盥洗

大多数老年人行动较迟缓，所以每天晨晚间应协助老年人盥洗，为老年人准备好盥洗用具，如牙刷、牙膏、香皂、毛巾以及盥洗用水等；对于行动不便的老年人除要为其准备好盥洗用品外，还要协助老年人洗脸、洗手、洗脚或洗澡。

三、老年人洗澡应注意事项

1. 忌水温过高

水温以35~40℃为宜，水温过高将导致人体大量出汗，出汗过多易虚脱或昏厥。

2. 忌空腹洗澡

空腹洗澡易引起低血糖性休克。

3. 忌饭后即洗澡

进食时，胃肠消化液分泌增加，胃肠血液供应减少，致回心血量增加，从而导致心脏负担加重，易诱发心脏疾病。

4. 忌每天洗澡

老年人因体质多虚弱，且机体抵抗力下降，每天均洗澡会使机体抵抗力更差，尤其是天气较冷时，易引发感冒等病症。

5. 洗澡时忌突然蹲下或站立

这种情况易致脑缺血、缺氧而休克，甚至导致脑溢血。

四、老年人常见病的特点

老年人的常见病有脑动脉硬化、冠心病、高血压、支气管炎、肺炎、糖尿病和肿瘤等。老年病有以下特点。

1. 多种疾病共存

老年人多会患有两种以上的疾病，而且临床表现复杂、症状多样化以及不典型而造成诊断困难，延误治疗时机。如肺炎主要症状是发热和咳嗽，但老年人肺炎患者中34%无发热，68%无咳嗽表现。又如老年人心肌梗塞时，有的病者胸痛感不明显，甚至没有。故对老年病者要多关心，密切观察其病情的变化。

2. 易发生意识障碍和精神错乱

老年人由于脑实质细胞减少而萎缩，加上有不同程度的脑动脉硬化等原因。故当他们患上肺炎、心衰、急性心肌梗塞、发热、腹泻等病时，都可能会出现意识障碍，表现为嗜睡、昏迷，烦躁甚至精神错乱等。所以，当老年人出现精神症状时，不能单纯认为是精神病，有可能是其他疾病表现出来的一种症状，应给予重视。

3. 用药特点

老年人对药物的耐受性和有效性下降，加上老年人有时在同一时期会有多种病痛，需同时服用好几种药。但由于老年人生理功能下降、体内环境的改变、肾功能不全等原因，致使药物排出体外较缓慢，容易发生不良反应。所以，要指导老年人合理使用药物，否则会对身体造成损害。

五、老年人急症的家中急救

1. 心肌梗塞的家中急救

心肌梗塞是老年人一种常见的急症，它发病急、病情进展快、死亡率高，严重地威胁着老年人的生命。有资料记载，因心肌梗塞死亡的病人约1/3是在送到医院之前。故当怀疑和发现心肌梗塞病人时，在设法送往医院的同时，还必须争分夺秒地抢救。为此，家政服务员应了解心肌梗塞的先兆和症状以及应急抢救的方法。

心肌梗塞的先兆和症状有：第一，心绞痛发作次数频繁或持续时间长，且疼痛比以前剧烈，用抗心绞痛药不能缓解。第二，迅速出现心悸、气短；胸闷，不能平卧，皮肤湿冷，大汗淋漓。第三，烦躁不安、胡言乱语、嗜睡，甚至突然晕厥等。第四，有1/3病人发病早期剑突下不适或上腹胀痛，伴有恶心、呕吐，此时也应警惕。

当怀疑和确认病人已发生心肌梗塞时，因病情紧急，家政服务员应马上与医院和急救中心联系。在医生未到之时，应先采取以下紧急抢救措施。

（1）让病者安静躺下，不做任何活动，也不可随意搬动。

（2）缓解症状，即给病者舌下含硝酸甘油、苏合香丸等。若家中有氧气袋可给其吸氧气。

（3）积极抢救生命，即要密切观察患者的病情变化，若发现心跳、呼吸停止，应立即在心前区叩击数下，以刺激心脏起搏，同时配合口对口人工呼吸进行抢救。

2. 老年人中风的家中急救

中风，又称为脑中风，是老年人常见的一种致残和死亡率较高的急性脑血管疾病。它包括脑出血、脑栓塞、蛛网膜下腔出血等。它的特点为猝然昏倒、不省人事或突然嘴歪眼斜、半身不遂、舌头发硬、语言不流利、口角流涎等。其来势甚猛，病情危重，严重危害老年人的生命。它的预后与抢救的时机和方法息息相关。那么，当家中有老年人发生中风时，家政服务员应该怎么办？

（1）绝对卧床。当病人突然摔倒在地时，应将病人轻轻扶起睡在床上。不用枕头，且宜侧卧，以使其口腔分泌物能自动流出口外，并使呼吸道通畅。如果出现昏迷，应帮病人松衣领、卸除假牙，要保持安静，勿强行叫醒病人。

（2）及时与医院联系。家中老年人发生中风，家政服务员应立即打电话通知急救中心（"120"）或距离最近的医院，最好能就地抢救。尽量避免搬动病人，以防加重脑出血，使病情恶化。

（3）预防并发症发生。如果病人神智不清，千万不能给其喂食物、水以及药物。

中风除死亡率高外，还容易造成偏瘫、失语等后遗症，而且很可能再次发病。如果能够掌握中风的一些危险先兆，则有助于预防和争取抢救时机。例如，当发现老年人突然眩晕、头重脚轻、头痛，一侧肢体感觉异常或无力、头面部麻木、说话困难、语不达意等症状等，这是脑栓塞的先兆，应立即把病人送进医院诊治，防止血栓继续发展而加重病情。凡患有高血压和脑动脉硬化的老年人，突然出现剧烈的头痛、嗜睡、恶心、呕吐、判断力失常，就要警惕脑出血的可能，并立即送医院抢救。

第五章 护理病人

第一节 制作病人餐

一、病人饮食常识

许多疾病因治疗的需要往往需要配合饮食疗法，这些饮食内容和要求一般均有医生制定方案，家政服务员仅需按照医嘱制作即可。病人的特殊饭菜一般均由医院营养食堂在营养师的指导下制作供给；但有的病人喜食自家饭菜的口味，或者在家休养时，就要由护理人员来制作饭菜。

病人的饮食可分为基本饮食、特别饮食、试验饮食三大类。基本饮食和特别饮食均适于家庭制作，试验饮食则必须由医院的营养师制作。

1. 基本饮食

（1）正常饭菜。与正常健康人的饭食基本相同，但要少食油炸、不易消化的、带有刺激性的食品。正常饭菜适于病后恢复期病人、没有消化道病症的病人、没有咀嚼不便的病人、没有高热的病人和一般妇产科病人。

（2）软饭菜。与正常饭菜接近，只是要选少渣、易咀嚼、易消化的食物。软饭菜适于恢复期病人、消化能力弱的病人、老幼病人和有低热或发热刚退的病人。

（3）半流质饭食。半流质饭食包括稀粥、面片汤、软面条汤，制作过程中可适当加一些肉糜、肉松、鱼松及蛋糕等易咀嚼、易消化、少渣的食物；适于口腔有病或咀嚼不便者、消化道疾病患者、体质较差者、高热病人、术后病人。半流食要少量多餐，一般每日用餐 5~6 次。

2. 特别饮食

特别饮食主要是指高蛋白、高热量饮食，低蛋白、低脂肪、低胆固醇饮食，少渣、少盐饮食等。这类饮食往往需要执行医嘱。

3. 病人常见饮食

许多病人由于不注意饮食，结果导致病情加重，所以在制作病人饮食时一定要遵照医嘱，并注意饮食禁忌。

（1）高蛋白饮食。所谓高蛋白饮食是指在正常膳食基础上增加蛋白食物。高蛋白饮食适于慢性疾病、消耗性疾病，如肺结核、肿瘤、肝硬化、慢性肾炎等病人，手术前后的病人，放化疗的病人，体重过于低下者等。需要高蛋白饮食的病人基本上是需要增加营养者。

蛋白有动物蛋白和植物蛋白两种。拥有丰富动物蛋白的食物有鱼、肉、蛋、乳与禽畜内脏；拥有丰富植物蛋白的食物主要有豆类与豆制品。高蛋白食物并非多多益善，超过人体所能消化吸收能力的蛋白质摄入体内，轻者可引起消化不良，重者则蛋白中毒，因此增加蛋白质应在医生指导下进行。

（2）低蛋白饮食。有些疾病影响到人体的蛋白质代谢，因此有的病人需要低蛋白质饮食。如急性肾炎的病人、肾功能不全者、尿毒症病人、肝功能严重损害者、肝昏迷病人等。低蛋白饮食最好是执行医嘱或蛋白质摄入量应限制在每日 20 克左右。

（3）低胆固醇饮食。心、脑血管疾病，肝胆疾病病人、高脂蛋白血症病人、高胆固醇血症病人要控制高胆固醇食物，应少食动物脑、动物内脏、动物油、蛋黄、鱼籽等。

（4）少盐饮食。高血压病人、心力衰竭伴有水肿的病人、肾炎伴水肿的病人、肝硬化伴水肿的病人、妊娠毒血症病人及各种水肿病人都应控制盐的摄入量。

（5）少渣饮食。消化道溃疡、肠炎、痢疾病人，胃肠、肛门手术后复原期病人,口腔疾病或咀嚼不便的病人都应采用少渣易消化食物。

(6) 低糖饮食。糖尿病病人、肥胖病人也应控制糖的摄入量。

(7) 高热量饮食。适于营养不良、恢复期、肝炎、肝硬化、甲亢等病人,食物可选用牛奶、豆浆、粥、藕粉、面包、馒头、蛋糕等淀粉食物。

(8) 低脂肪饮食。高血压、高脂血症病人,急性胆囊炎、胰腺炎、肝炎病人,肠炎、痢疾病人,过于肥胖者宜吃一些清淡食物,少吃一些煎、炒、烹、炸食物,特别是动物油和肥肉。

二、部分常见病的饮食需求与禁忌

1. 心脏病及高血压病。少食多餐,饮食宜清淡少盐。少食脂肪与淀粉类食物,可适量多食一些蛋白质。烹调用油以植物油为主,禁食刺激性食物和容易引起胀气的食物。

2. 肝脏疾病。忌食动物油脂、肥肉、辛辣刺激性食物,禁饮酒;早期应食用高蛋白饮食,晚期要食用低蛋白饮食(最好在医生指导下进行)。

3. 糖尿病。宜多食用蛋白质、蔬菜及粗纤维食物;宜少食脂肪、淀粉类、含糖量高的食物。

4. 肾脏疾病。宜食低热量、低盐饮食;急性期或尿毒症时要采取低蛋白饮食,慢性期病人可采用高蛋白饮食(应在医生指导下进行为好)。

5. 慢性胃炎、胃与十二指肠溃疡病。禁食辛辣刺激性食物,以及酸、硬与容易引起胀气的食物,不宜饮茶、喝酒、吸烟,应食用易消化、富含营养的食物。

6. 要避免食用辛辣刺激性食物,饮食宜清淡、易消化、低脂肪。

三、特殊饮食的制作

特殊饮食的制作见表 5-1。

第五章 护理病人

表5-1 特殊饮食

食物种类	适用范围	饮食原则
食物热量	烧伤者，产妇，肝炎者，胆道疾患的病人	在基本饮食的基础上加餐两次，如普通饮食者三餐之间可加牛奶、豆浆、鸡蛋、藕粉、蛋糕等；如半流质或流质饮食者，可加浓缩食品，如奶油、巧克力等
高蛋白饮食	长期消耗性疾病（如结核病）、严重贫血、烧伤、肾综合征、大手术及癌症晚期病人	在基本饮食基础上增加蛋白质丰富的食物，如肉类、鱼类、乳类、豆类等

四、起居护理

1. 患者的需要

护理工作应从患者的需要出发，因此，掌握患者的基本需要是家政服务员做好看护工作的第一步。患者的需要首先是健康的需要，这又分为身体的需要、社会心理的需要和生存环境的需要。身体的需要包括需要新鲜的空气、充分的休息、充足的睡眠、富含营养的食物、水、生理排泄，保持正常体温；保持皮肤清洁、完整，需要安静及必要的活动，需要舒适无痛苦和良好的感观刺激。社会心理的需要包括：一定的自主权，明确的环境认识，卫生、教育，与各方面的交流，人道主义（承认、接受、尊重）地位，温暖的关怀等。其次是生存环境的需要，包括：安全可靠，经济收支合理，出行舒适方便等。

2. 健康人群的一般需要

家政服务员在掌握了病人的基本需要后，了解健康人群的一般需要知识，对更好地看护好病人将起到很好的帮助作用。人的行为在很大程度上受到一系列需要的推动,当诸多需要同时存在时,则倾向于先满足低层次的需要,然后再往上一层推进。可简单综合为以下 8 点。

(1) 生理的需要。包括生存的需要和刺激的需要。生存的需要包括呼吸、食物、空气、水、温度、排泄、休息、解除痛苦等;刺激的需要包括运动、动手操作、探索、追求新奇等。

(2) 安全保障的需要。包括安全、保障、保护等。

(3) 感情的需要。包括情感、感觉,如喜悦、快乐等。

(4) 爱的需要。包括诸如爱我、我爱等。

(5) 尊敬的需要。如受到他人的尊重和重视,自我重视和尊重。

(6) 自我实现的需要。即自我能力达到最大的发挥过程。

(7) 智力的需要。重点是思维和推理,如寻求知识、有思想的工作等。

(8) 美的需要。家政服务员及病人的亲属只有先掌握了人的基本需要,才能更有效地确认病人的需要。也只有了解病人的需要,才能够找到护理中存在的问题,并予以相应的解决,以满足他们的需要。

第二节 照顾病人起居

一、糖尿病患者的护理

1. 使患者保持开朗、平静的心情,树立长期与疾病做斗争的信心。

2. 合理调配饮食。少进食糖类、根茎类蔬菜,如土豆、白薯、山药。适量进食粗纤维的食物,如糙米、玉米、豆类、绿叶蔬菜等。多食用精蛋白,如瘦肉、蛋、奶、鱼类。少吃动物内脏类食物等。

3. 坚持进行适量的体育锻炼。选择适量的、全身性的、有节奏的锻炼项目,如做操、打拳、慢跑、扭秧歌等。

4. 保护皮肤。一般情况下每周要洗澡 1~2 次,勤换衣裤。保持皮肤清洁,尤其是要保持外阴清洁,每天清洗会阴部,防止发生泌尿系统感染。

5. 密切观察病情。如出现感染、食欲不振、呼吸加快、脱水等现象,应及时送医院救治。

二、高血压患者的护理

1. 合理安排休息时间。保持室内的安静及清洁,并保证充足的睡眠。

2. 密切观察血压。经常观察血压的变化,根据血压变化来指导患者的用药时间,督促其定期进行复查。

3. 调整饮食。要求食用低盐、低脂肪、低热量食物,并且禁止吸烟和饮酒。

4. 适当进行体育锻炼。如跑步、骑自行车、打太极拳等。

三、冠心病患者的护理

1. 合理休息。养成按时休息的好习惯,每天保证睡眠时间在 8 小时左右。

2. 适当运动。根据患者的身体情况确定运动方式和运动量,锻炼身体,延长寿命。

3. 合理饮食。以低脂肪、低热量食物为宜,少吃盐,禁止吸烟和饮酒。

4. 应对突发情况。如发生心前区持续性疼痛,含服硝酸甘油仍不能缓解的,应立即送患者去医院救治。

四、慢性支气管炎、肺气肿患者的护理

1. 保持室内空气清新,避免烟尘和有害气体对患者呼吸道的刺激,并且严禁患者吸烟。

2. 加强个人防护。注意保暖,外出时要戴口罩和围巾。

3. 保证足够热量的饮食。足够热量的饮食可以提高患者的免疫能力,减少感染。不吃过冷、过热、过硬的食品,不喝咖

啡、茶、可乐等饮料。

4. 坚持呼吸操训练。取立位，一手放前胸，一手放腹部，进行腹式呼吸。每天2次，每次20分钟左右，以改善呼吸。

5. 日常起居做到不用力屏气，不做剧烈运动，保持大便通畅。

6. 及时观察。注意观察患者的呼吸情况，呼吸是否费力，嘴唇和指甲末端是否发绀等。一旦出现胸闷、气喘、末梢发绀等症状，应立即送往医院救治。

五、精神病患者的护理

1. 关心患者。对患者给予同情和理解，合理安排患者的起居。

2. 仔细观察。多观察患者的行为；多了解患者的思想状况。

3. 严加防范。对一些有自杀、逃跑等行为的患者，要做好防范措施，严加保管家中的剪刀、绳索、菜刀等工具。

4. 均衡营养。给患者吃高热量、高蛋白的食物，均衡营养。

六、长期卧床患者的护理

1. 患者要经常翻身，以减轻局部组织的受压。对于不能翻身的患者，要协助其定时翻身，预防褥疮。

2. 患者要经常变换体位，由于患者卧床时间太长，会引起排痰不畅，以及坠积性肺炎的发生。

3. 要保持床铺的平整、松软，床单的干燥，皮肤的清洁，最好能够每天用温水擦洗局部皮肤，使局部皮肤的血液流通得到改善。

七、肝炎患者的护理

1. 急性肝炎患者的护理方法

（1）做好消毒、隔离。实行分餐制，患者的食具、用具要单独使用，单独消毒。

（2）调整饮食。科学地调配患者的饮食，严禁饮酒。

（3）充分休息。保证患者充足的睡眠，半年内不参加体力劳动。

（4）密切观察。对患者的症状进行密切观察，加强防护。

（5）定期到医院复查。督促患者按时去医院复查，有助于康复。

2. 慢性肝炎患者的护理方法

（1）适度休息。病情较重患者宜静养，病情较轻的患者可以适当参加劳动。

（2）营养合理。适当增加高蛋白、低脂肪、易消化的饮食，多吃新鲜蔬菜、水果等，严禁饮酒。

（3）定期复查。应定期到医院复查，一般 3~6 个月复查 1 次为宜。

（4）严禁传播。做好患者的隔离和消毒，防止患者的血液、体液污染其他人，家庭成员应接种乙肝疫苗等。

八、肺病患者的护理

1. 做好家庭消毒、隔离。让患者独居一室，并且要每天消毒，实行分餐制，尽量不去公共场所。经常把被褥放在强烈的太阳光下曝晒。

2. 调节饮食。饮食以清淡为宜，适当补充蛋白质和维生素。

3. 讲究个人卫生，不随地吐痰。

4. 严禁吸烟和饮酒。

5. 如发生咳血等突发情况，要冷静应对，及时送往医院救治。

九、突发性传染病患者的护理

1. 患者最好单独住一个房间。家人应尽量减少探望的次数，实行专人照料。

2. 照料患者的人进入患者房间时，最好穿上专门的外衣，戴上帽子。走出患者房间，处理完患者的用品，脱去外衣、帽子之后，及时洗手、消毒。

3. 患者使用过的物品别人不要使用，包括体温计、血压计、餐具等,并且要每天消毒。

  4. 注意均衡饮食,补充足够的维生素,保证患者充足的休息,严禁吸烟。

  5. 给家用物品消毒,可以用84消毒液。皮肤消毒可以用浓度为75%的酒精、碘伏等。

第六章 护理孕妇、产妇

第一节 护理孕妇

一、孕妇起居护理

(一) 了解孕妇的心理特点，做好心理护理

怀孕阶段所引起的身体外形以及家庭中角色的变化、内分泌激素水平的改变，均可引起孕妇心理变化，造成压力。家政服务员要了解妊娠的心理变化，以便提供有效的护理措施，促进孕妇的调适过程。孕妇的心理护理见表6-1。

(二) 孕妇的衣着准备

应该依据不同季节为孕妇选择合适的服装。理想的孕妇服装标准是能有助于纠正膨胀的外形，衣着既美观、富有时代感，又不紧缩身体。因此，其式样应该符合从肩以下宽松、无腰带、便于洗涤。孕期提倡穿弹性好的连裤袜，避免穿环形袜带以及圆口松紧的长筒袜，因为它们妨碍下肢静脉血液回流，加重静脉曲张。

孕妇的鞋最好按如下标准选用：脚背部分能与鞋紧密结合；具有牢固支撑身体的宽大后跟；鞋后跟高度在2~3厘米；鞋底带有防滑纹。

为孕妇选择的鞋要考虑安全性，孕妇不能穿高跟鞋或容易脱落的凉鞋。穿高跟鞋会增加腰和后背肌肉的支撑力量，加重姿势改变的程度而导致背痛和疲倦。许多平底鞋缺乏支托作用，笑时振动会直接传到脚上，也不便于行走，同样会造成疲倦、腿痛和背痛的情况。

表 6-1 孕妇的心理护理

阶段	心理特点	护理措施
早期妊娠阶段	孕妇心理反应强烈,感情丰富,容易出现情绪不稳定、好激动、易发怒或落泪,特别需要别人的关怀。有的孕妇缺乏心理准备,表现为抑郁、沉默寡言、心事重重等复杂的心理状态,产生被保护和照顾的要求	本阶段的护理目标是促使孕妇接受妊娠。家政服务员不仅要在生活上照顾孕妇,还要在精神上关心她们,鼓励孕妇充分暴露自己的焦虑和恐惧,有助于消除烦恼,适应身体的变化
中期妊娠阶段	胎动出现、可听到胎心,使母亲体验到新生命的存在,母亲被充实并得到发展。表现为孕妇开始对胎儿的生长、发育过程感兴趣,某些孕妇情感可能变得更为敏感、易怒和喜怒无常	本阶段的护理目标是促进适应妊娠。建议她们建立广泛的社会交往,增加与母亲接触的机会,获得更多有关做母亲的知识。鼓励她们参加有关分娩的讲座,增加育儿常识
晚期妊娠阶段	妊娠6个月以后,孕妇在体力、情感和心理状态方面开始经历一个异常脆弱的时期。胎儿越发变得珍贵,孕妇担心各方面的危险会给胎儿带来伤害,害怕身体变化使自己保护胎儿的能力减弱,处处显得小心翼翼,期待分娩以终止妊娠	需要为孕妇提供具体的护理措施,以帮助缓解症状、减轻不适。除了指导她们认识分娩的过程,还要为她们传授技巧。增强新家庭处理问题的能力,协助家庭获得各种经验,使孕妇以最佳身心状态迎接分娩

(三) 孕妇的作息护理

由于孕妇很容易疲劳,必须向她们强调预防疲劳的意义,使其掌握有关的预防措施。休息和睡眠可以使细胞能量得以补充,是避免疲倦、恢复疲劳的有效方法。休息和睡眠时间因人而异,且与每天消耗的精力有关，应该使孕妇获得自己认为需要并感到满足的睡眠时间。除每晚 8 小时睡眠外，还应使孕妇在白天至少有 1 个小时的休息时间。

应该让孕妇采取舒适的卧位休息，建议采取左侧卧位或坐位（腿抬高），强调使孕妇心理及身体各部肌肉，如腹部肌肉、腿和背部肌肉充分松弛，同时尽可能伸展肢体，促使心脏搏出的血液更容易流向四肢。

怀孕期间参加室外运动可以获得阳光和新鲜空气。运动量的大小应根据孕妇的具体情况而定，以孕妇不感疲劳为宜。室外散步是最好的运动方式，散步不仅简单易行，还可以刺激全身肌肉的活动，并增强身体某些部位的肌肉力量，尤其是与分娩有关的几组盆底肌肉。

除散步外，应建议孕妇参加一定的娱乐活动，如听音乐、看电影、拜访朋友等，有助于松弛即将当父母的双方的焦虑心理，减轻精神压力，增加家庭轻松愉快的气氛。进行上述各项运动时，均必须避免过度，防止造成不适状态。

为了孕妇日常活动的安全和舒适，应指导孕妇遵循下列活动原则。

1. 每天执行不同方式的活动内容（如笑 、站立、坐位等）。

2. 活动的时间宜短。

3. 站立时，两腿平行，两脚稍分开，把重心压在脚心附近，这样不易疲劳。需要长时间站立时，每隔几分钟变换两腿的前后位置，把重心放在伸出的前腿上，可以减少疲劳。

4. 笑 的正确姿势是抬头、伸直颈部，后背挺直、绷紧臀部，保持全身平衡。每走一步注意踩实了再走第二步，以免跌跤。

5. 上下楼梯时，注意避免过度挺胸腆肚，要看清阶梯，一步步慢慢上下，使整个脚掌置于阶梯上，使用腿部肌肉抬起，自然地登上每一层阶梯而不向前倾斜。尤其在妊娠晚期，隆起的腹部容易遮住视线，注意脚踩稳了再移动身体，如有扶手，应该扶着走。

6. 避免弯腰拾物，拾取地面物品时先曲膝后落腰蹲好后再捡拾。

（四）孕妇的洗浴护理

妊娠期新陈代谢旺盛，孕妇的汗腺、皮脂腺分泌增多，阴道分泌物也增加，常导致不适感。经常沐浴、更换内衣可以促进舒适。沐浴和擦身在孕期任何时间都可进行（胎膜已破者禁止沐浴）。经常洗澡既可以保持全身皮肤清洁，又可以刺激皮肤、促进血液循环，有助于松弛肌肤、清除污物、消除疲劳、振作精神，促进心神爽快，同时促进皮肤的排泄功能，减轻肾脏的排泄负担。妊娠的最后3个月，由于沉重的腹部致使孕妇身体不易保持平衡，进出浴盆动作笨拙，容易滑倒，所以不主张盆浴，建议采用坐位淋浴方式。

出于对安全的考虑，家政服务员要提醒孕妇以下几点。

1. 沐浴时，地面加用防滑垫。

2. 沐浴时间不宜过长，以防发生头晕，每次沐浴时间控制在20分钟以内为佳。

3. 沐浴水温适中，最好调至38℃，过冷或过热均可刺激子宫，诱发早产。

二、孕妇饮食护理

（一）孕妇饮食特点

孕妇的营养对胎儿的健康均很重要；胎儿的发育需要营养，胎儿附属物如胎盘、胎膜、脐带等需要营养；母体子宫的增大、分娩时所需的产力、产后哺乳等均需要营养。孕妇营养充足，全身状况良好，胎儿发育就好。一切营养都是从食物中摄取的，孕妇除了摄取自身所需要的营养外，还要把腹中胎儿所需要的那一份也加上。

要加强营养,首先应加强营养的计划和管理,并非一定要吃大量的鸡、鸭、鱼、肉才算加强营养;一般食物如能选择和调配好,是能够满足孕妇营养需要的。

(二)孕妇饮食要求

1. 多食粗粮,少食精制米面。玉米、小米、土豆等所含维生素和蛋白质均比白面、大米要高,还含有多种元素。

2. 多吃新鲜蔬菜和瓜果。它们均富含人体所需的维生素,钙、铁等微量元素。

3. 多食豆类、花生、芝麻及其制品。这些食物含有大量的蛋白质、脂肪、维生素 B、维生素 C、钙和铁。发芽豆还含有丰富的维生素 E。

4. 多食鱼、肉、蛋和奶。此类食品富含人体所需的蛋白质,特别是牛奶及鸡蛋中含有大量的钙和磷脂质可供胎儿骨骼生长及神经系统发育。

(三)孕妇饮食禁忌

1. 不洁食品不宜食,以免引起胃炎、肠炎、痢疾而导致流产或早产。

2. 不吃污染食品,如发霉粮油食品,因其中含有黄曲霉素;不吃含有亚硝基化合物的食品,如腌菜、酸菜等;污染食品中不仅含有致癌物,还可诱发胎儿畸形。

3. 忌烟、酒。酒精或尼古丁中毒可导致胎儿发育不良、畸形或智力低下。

4. 忌饮浓茶、咖啡和可乐。这些饮品中均含有咖啡因,对胎儿可能造成不良后果。

5. 饮食不宜过咸。过咸的食品如咸菜、咸鱼等,可能会引起水肿或加重妊娠高血压综合征。

6. 少食甜食或油脂较多的食物。

7. 不吃或少吃有刺激性的食品或调料,如胡椒、辣椒、芥末等,以免使痔疮加重。

第二节 护理产妇

一、产妇起居护理

（一）分娩后第一周

1. 分娩后第一周大部分产妇都在住院，只要按医院的日程安排表生活即可。

2. 分娩当天。刚分娩后心情比较放松、兴奋，但表现最为突出的是疲劳，故产妇最主要的任务就是充分地休养。当有饥饿感时，可吃些清淡饭菜，忌食辛辣和刺激性的食物。剖腹产产妇36小时内不能进食。由于子宫收缩引起的肚子疼痛，或会阴缝合处的疼痛不能忍受时，要向医生提出，并在医生指导下服药或做适当诊疗。伤口的缝合部位疼痛，在身体移动时，双膝并拢能缓和疼痛。

没有异常的产妇，自分娩8小时左右后在医生指导下，可开始下床步行。会阴切开的人，在12小时以后开始，可以自己排尿、排便、处理恶露。此时乳房充血肿胀，助产士会进行授乳和乳房按摩的指导，并试验初次授乳。授乳后有时恶露会增多，这是刺激乳头引起子宫收缩的结果，不必多虑。

从这时起，产妇要在床上做子宫按摩，这对腹部紧张的恢复、肠道的运动、子宫收缩、盆底肌都有益处。腹带和紧腰衣对腹壁迟缓的恢复、促使子宫收缩、保暖、行动方便都是最适合的，因此腹带应使用4~6周。此时，施行剖腹产的产妇仍然需要卧床静养。

3. 分娩后第二天。产妇乳房开始流出丰富的初乳，应尽量让新生儿吸吮；继续进行乳房按摩，以促进乳汁的充分分泌。本日产妇可适当在室内进行步行，但应以不感到疲劳为限。产妇若非剖腹产，自即日起可以进行淋浴。但是不能进行盆浴，以免引起感染。

4. 第4~6日。一般情况下，在第四天或第五天产妇缝合的部位要进行拆线。母亲及新生儿要接受全面检查，经检查无异常，第六天便可申请出生证明，领母婴健康手册后出院。

(二) 出院后第一周

产妇出院后不要过度劳累，不能进行盆浴，可用热水擦浴或用淋浴来清洁身体；有会阴缝合的产妇，在做身体清洁时不能使用肥皂类洗浴用品。继续坚持做乳房按摩、产褥体操。产妇若有发烧、出血或有异常疼痛，应立即到医院诊治。

(三) 产妇衣物换洗

产妇内衣、裤应保证每天换洗。产妇的衣物不要与婴儿的衣物一起清洗，更不要和其他成人的衣物一起清洗，以避免细菌交叉感染，造成对产妇和婴儿的不利影响。

(四) 产妇沐浴的护理

帮助产妇沐浴和给患者沐浴的道理与方法相同。沐浴可达到清洁和增进舒适度的目的，并能促进血液循环，促进皮肤排泄功能，达到预防皮肤感染发生的目的。产妇的沐浴方法有床上擦浴和淋浴两种。可根据产妇的活动能力及体质状况，选用恰当的方法。若产妇体质较弱，尤其是难产的人员，以及剖腹产手术后为了避免沾湿伤口、防止感染等，均可采用床上擦浴的方法。顺产产妇和体质较好的产妇，自分娩后第二日起即可进行适当淋浴。

1. 床上擦浴

擦浴前应先调节好室温，以24℃为宜，关好门窗避免对流风，随后准备好用品，如浴巾、毛巾、肥皂、换洗衣物、50~60℃热水等。擦洗时，先暴露需要擦洗的部位，每次只需暴露正在清洗的部位，待擦干净盖好后，再暴露下一个部位，以达到保暖的目的，并可减轻产妇的不安心理。

擦浴的顺序为眼、鼻、耳、脸、手臂、腋下、胸部、乳房、腹部、背部、臀部、腿部、会阴部和脚部。眼是身体各脏器中最敏感的器官之一，所以在擦洗眼睛时动作要轻柔；清洗产妇的手脚时，可直接将其放在水里浸泡（水温以不超过 40℃为宜），擦洗干净后，协助产妇换上干净衣服；为剖腹产的产妇穿脱衣服时，要注意保护好伤口，给其擦洗时一定不要沾湿其伤口；穿好衣服后，整理好床铺，需更换床单的应及时换洗。

2. 淋浴

一般全身状况良好，体质较好者，可以于分娩后第二日进行淋浴。对于产妇而言，一般不提倡盆浴。淋浴的方法：首先为产妇准备好淋浴用品，室温调节 20℃左右，并为产妇调节好水温。体质弱者，水温可适当高些，交代产妇进入浴室后不要闩门，以便在发生意外时可及时进入，如条件允许家政服务员可与产妇一同进入浴室，以保证安全。

（五）注意事项

1. 产妇在生产过程中体力消耗较严重，所以休养是第一位的；产妇因哺乳的需要，应早日恢复正常饮食，多吃营养价值高的食物。

2. 会阴部要注意清洁，伤口处要清洁，且不能沾水，严防感染。

3. 要进行适当的运动，促进机体恢复。

4. 接受育儿知识教育和家庭计划、出院后的日常生活指导，接受有关注意事项的指导，并应严格遵守。

二、产妇饮食护理

（一）产妇饮食原则

1. 应吃容易消化、刺激性小的食物。

2. 吃热量高、富含营养的食物。

3. 饮食中应含有足量的蛋白质、矿物质（铁、钙）及维生素，如牛肉、鸡蛋、牛奶、动物肝肾及豆类、豆制品，也可用猪骨头、猪蹄煮汤以补钙。

4. 多饮水、多喝汤。

5. 不要偏食、挑食，不要盲目忌口。

(二) 产妇恢复期食疗调养原则

1. 要保护脾胃，吃清淡而易消化的食物，不要一味进补，可多食汤、粥、羹类，少食多餐，每日进餐 5~6 次。

2. 多吃有利于产妇恢复的食物，以补血养气、恢复元气，饮食要有充足的营养。

3. 要符合催乳、哺乳的需要，选择能养血增乳、疏肝通乳的食物。

4. 注意必要的饮食禁忌。

5. 要根据婴儿大便性质调整饮食。

(三) 适宜的产后食物

1. 面汤

如能加上 2 个鸡蛋和适量番茄更有利于产妇补充营养。

2. 牛奶

每日用量 250~500 毫升。

3. 小米粥

注意与其他米、面调剂食用。

4. 鸡蛋

除含有优质蛋白质外，还含有脂肪和铁，每日进食 4 个即可。

5. 红糖

两餐之间饮适量红糖水能补身体。

6. 鸡

以吃大公鸡为好。

7. 肉汤

牛肉汤、排骨汤、鸡汤皆可。

8. 蔬菜

新鲜蔬菜含大量维生素、纤维素和微量元素，能防止产妇便秘。

9. 水果

每日食用 200~250 克水果。

(四) 从食物中摄取营养素

1. 蛋白质

瘦肉、鱼、蛋、乳和家禽类，如鸡、鸭等都含有大量动物蛋白。花生、豆类和豆制品都含有大量植物蛋白。

2. 脂肪

肉类和动物油含有动物脂肪；豆类、花生仁、核桃仁、葵花子、菜籽和芝麻中含有植物脂肪。

3. 糖类

所有谷类、甘薯、马铃薯、栗子、莲子、藕、菱角、蜂蜜和食糖中都含有大量的糖。

4. 矿物质

油菜、芹菜（尤其是芹菜叶）、雪里蕻、荠菜、莴苣和小白菜中含铁、钙较多；猪肝、猪肾、鱼、豆芽菜中含磷量较高；海带、虾、鱼和紫菜等含碘量较高。

5. 维生素

（1）维生素 A。鱼肝油、蛋、肝、乳都含有较多的维生素 A，菠菜、荠菜、胡萝卜、韭菜、苋菜和莴苣叶中含胡萝卜素较多。胡萝卜素在人体内可以转化为维生素 A。

（2）维生素 B。小米、玉米、糙米、麦粉、豆类、肝、蛋、青菜、水果中都含有大量的维生素 B。

（3）维生素 C。各种新鲜蔬菜、柑橘、柚、草莓、柠檬、葡萄、苹果、香蕉中都含维生素 C，鲜枣中的含量尤其高。

（4）维生素 D。鱼肝油、蛋类和乳类中含量丰富。

第七章 安全知识

第一节 家庭安全防范

一、厨房防火

厨房是必须使用明火的地方,家政服务员应特别注意防火的问题。

1. 安全使用液化石油气和煤气

液化石油气和煤气都是易燃易爆气体,使用时要特别小心,开火时要先点火,后给气。如果先开气门,可燃气体就会扩散到空气中,和空气混合在一起,形成爆炸性混合气体,极易引起爆炸,造成重大事故;做完饭后要记住关好阀门,并经常进行检查,如发现有漏气现象,要立即开窗换气,千万不可点火或开关家用电器,否则产生的电火花或明火容易引起爆炸;液化石油气罐或煤气罐不可离炉火、暖气太近,不要摔、撞或用铁器击打钢瓶;在更换气罐时,要用肥皂水来检查是否漏气,同时切记不可将罐内残液倒出。

如果气灶着火,切不可慌张,要按如下步骤去做:一是要关闭气源;二是要用干粉抛打火焰;三是如果火势大,要先将气罐抢出火场,以免发生爆炸,造成更大损失。

2. 安全使用火炉

(1)火炉一定要正确安装。民用火炉与床铺等可燃物一定要保持较大距离,不应小于80厘米;烟筒要保证完好无损,并应与房顶、电线保持30厘米以上的距离,固定牢固;如果房间狭小,要安装铁板围挡;如果是木制窗户,那么烟筒的边缘要与木框有 5 厘米以上的距离，与其他木制品也要有 10 厘米以上的距离。

（2）火炉的安全使用。要选择远离可燃物的地方生火。不可将火炉与煤气罐放置在同一房间。使用火炉做饭时要有人看管，炉灰完全熄灭后方可倒掉。最后，还应教育孩子远离火炉。

二、卧室防火

吸烟是引发家庭火灾的主要原因之一，特别是在床上吸烟，危险更大。

1. 把烟头丢掉之前，一定要掐灭、浸湿。
2. 暖气、电热器、取暖炉要远离家具、电线以及电器设备，一般在 3 米以上。
3. 睡觉前或家中无人时，要切断电视机、电风扇等电器的电源。
4. 在无人照顾时，不要接通电熨斗的电源，不要把衣物靠近电灯。

三、客厅防火

1. 经常检查起居室内有无燃烧着的烟头。
2. 及时更换起居室损坏的电线，合理配置线路。
3. 电视机周围要保持空气流通，便于散热。

四、灭火器的使用

灭火器的种类较多，常用的有泡沫灭火器、干粉灭火器、1211 灭火器、二氧化碳灭火器 4 种。

1. 泡沫灭火器适合扑救可燃液体火灾，使用时将灭火器筒身颠倒过来，灭火器内的化学物质会因混合而发生化学反应，产生大量泡沫和二氧化碳气体，不仅能吸收液体表面的热量，而且能隔离氧气，使燃烧熄灭。泡沫灭火器平时应竖立放稳并防冻。

2. 干粉灭火器内装备的是全硅化干粉灭火材料，它无毒、不腐蚀、不导电的特性决定了它的使用范围较广，对付可燃液体、图书档案等处的火灾效果较佳。使用时，一只手拿胶管，使喷嘴对准燃烧物,另一只手提起提环,握住提把,就可灭火了。

3. 1211灭火器适用于扑救电器设备、精密仪器、可燃气体等火灾。使用时先拔掉安全销,手握压把用力压,灭火药剂即可喷出。1211灭火器平日应注意直立稳定放在干燥处,严禁磕碰。

4. 二氧化碳灭火器适于扑救带电设备的火灾及贵重仪器、图书档案火灾和油类火灾等。其开关有两种形式:其一,鸭嘴式开关。使用时先拔掉保险销,一只手握喇叭口木柄,另一只手把鸭嘴开关往下压,二氧化碳即可喷出。其二,轮式开关。使用时一只手握喇叭口木柄,另一只手拧开梅花轮,便可进行灭火了。

5. 其他注意事项。如果着火的范围较大,火势较猛,自己和家人、邻居无法扑灭时,应及时拨打119火警电话,向公安消防机关报警。在拨打报警电话时应注意讲清着火的准确地点,讲清火势情况和燃烧物情况,还要讲清报警人姓名、工作单位和电话号码,最好再派人在路口等候消防车,引导其去火场。灭火后还应及时与保险公司联系,配合调查,争取在较短的时间内得到赔付,以减轻和弥补损失。

第二节 安全防盗

一、不法分子作案的规律

1. 犯罪人员

从城市来看,作案者多数是外来流动人员,也有本市常住人口,其中无业游民占相当大的比重。

2. 作案时间

作案时间多数在后半夜和上午9:00~11:00时及下午14:00~16:00时。这是因为后半夜人们都睡熟了,光线也极为暗淡,作案比较容易得手;而上午和下午中间的一段时间,职工都上班,家中往往无人或只有老弱病残在家,加上人们一般认为大白天比较安全,思想较麻痹。犯罪分子往往利用这段"有利时间"入室盗窃或抢劫。

3. 作案方法

犯罪分子常在白天先来摸清其目标的周围环境，查看进出通道和人员出入的特点，研究在何处放哨、如何进入室内，计划好转移赃物和逃离的路线等，晚上便按计划进入目标地作案。入室的方法多是撬锁、划破玻璃、攀越阳台等，一旦财物到手后就迅速逃离。白天作案常常先敲门或按电铃，试探屋内是否有人，如无人则撬锁入室，盗窃财物；如有人答应则常以找人、问讯、推销商品、行乞等为由敲开房门。也有的犯罪分子冒充水、电、煤气抄表工或检修工，或冒充该家庭中不在家成员的同事、朋友（这类犯罪分子一般有内线），骗开房门后，如果只有老弱妇孺，便强行入室，对其威胁甚至捆绑后进行犯罪活动。

二、防范措施

1. 邻里互相关心帮助，联防治安

目前在城市中楼房日益增多，楼房住宅多是以户为单元的封闭式结构，生活设施一应俱全，由此而造成邻里关系淡薄，甚至有的楼层住户间姓名都搞不清，更谈不上互相帮助和保护了。曾有一座楼房发生过这样的事情，一家用户下班回家后，发现家里物品，包括家用电器、冰箱、衣物等被盗一空，而邻居以为该用户搬家了，问都没问。邻里关系淡薄的情况往往被犯罪分子利用，因此，同院住户特别是同楼住户，不仅主人、家政服务员要和同一楼层、上下楼层的邻居熟悉，最好与全楼和邻楼的住户认识，做到有事时互相关心、互相帮助。有条件的最好组织起来联防治安，不给犯罪分子以可乘之机。

2. 注意门窗的坚固、严密

住户大门应当安装防盗性能良好的防盗铁门，底楼的窗户应加上铁栅。很多住户大门都安有双保险或三保险的防撞锁，但有人出门只是随手一带，这种锁法很容易被犯罪分子弄开。正确的锁法是把门带上后，再把钥匙伸进锁孔转一圈，这样，门就比较安全了。使用夹板明锁或明吊锁是很不安全的。另外，还可在门上安上猫眼，猫眼的特点是从里面能看到外面，而外面看不清里面。有人按门铃或敲门时，可以先从猫眼看一看来者是否熟悉，还要问清来者找何人、有何事，情况清楚后再决定是否开门。打开防盗门的里门后，有些事如询问、收费等可隔着铁门解决。

3. 提高警惕性

犯罪分子作案必须进入室内，所以必须提高警惕，严守门户。如只有老年人、儿童或家政服务人员在家时，切不可放生人进门，可以婉言谢绝或请其等户主下班后再来。平时如发现陌生人或形迹可疑的人在门前、楼道或住宅周围游逛、四处瞧看，则应密切注意观察，如发现有犯罪迹象应立即报告联防人员或报警。如只留孩子在家，最好把房门反锁，防止无辨别能力的孩子放进坏人。

三、发现被盗时如何处理

1. 首先要保护现场。保护现场是破获案件、抓获案犯的重要一环。无论犯罪分子如何狡猾，总会在现场留下蛛丝马迹。公安部门可以利用现代科技手段，分析鉴别现场痕迹，以利破案。

2. 在保护现场的同时，可请邻居或过路人帮助，迅速向公安机关、单位保卫部门或联防部门报案，并尽快通知主人。

3. 有两种情况应果断处理：一是本人外出时间不长，回家时发现房门被撬，这时犯罪分子可能尚未远离现场，要立即唤人协助，在住宅附近、楼层和楼外搜索可疑人和可疑物，力争迅速抓获犯罪分子；二是如果发现犯罪分子正在作案，要特别注意，不要盲目向前，将其堵在室内，以防狗急跳墙，受其伤害。要诱其出屋，在楼门出口或院门口等易于擒获的地方与之周旋，喊人协助，将其抓获。

4. 向110报警。

四、如何使用110报警电话

110报警电话是公安机关专为广大人民群众和各单位报案而

设置的。全国大部分城市都设有报警电话。号码是国家统一规定的，为110。当发生刑事案件、治安案件时，拨打报警电话，公安机关会根据市民反映的情况，立即做出反应，迅速赶赴现场处理。

拨打110报警电话时要保持冷静。拨通电话后，应当简明报告自己的姓名、所在位置、案发地点（区、街道、路名、门牌号码）、案情简要情况。如果发现了犯罪分子，要尽量讲准确犯罪分子人数、面貌、衣着特点和逃跑方向等情况，提供尽可能多的线索，以便公安机关果断处置。

110报警电话是不允许随便拨叫的，发生一般的邻里、家庭纠纷和一般治安问题都不要打110。应教育孩子们不要乱拨110，以免影响公安机关对重大案件、紧急治安事件的处置。

如果不按规定乱打110滋扰生事或谎报案情者，110指挥中心的电脑屏上能显示出报警者的电话号码，公安机关将视情节给予严肃处理。

主要参考文献

[1] 王君. 家政服务员. 北京：中国农业大学出版社，2005.
[2] 陈朝晖. 家政服务员从业规范. 北京：中国经济出版社，2004.
[3] 任凌燕. 怎样做一名家政服务员. 重庆：重庆大学出版社，2007.
[4] 黄芝刚. 家政服务员初级. 北京：中国劳动社会保障出版社，2008.
[5] 黄新运. 家政服务员. 武汉：湖北科学技术出版社，2009.
[6] 张婷婷. 家政服务员基本技能. 北京：中国林业出版社，2009.